Fritz Pawelzik
Unterwegs zwischen Ruhrpott und Afrika

FRITZ PAWELZIK

Unterwegs

zwischen Ruhrpott und Afrika

SCM Hänssler

SCM

Stiftung Christliche Medien

© der deutschen Ausgabe 2012
SCM Hänssler im SCM-Verlag GmbH & Co. KG ·
71088 Holzgerlingen
Internet: www.scm-haenssler.de; E-Mail: info@scm-haenssler.de

Umschlaggestaltung: Jens Vogelsang, Aachen
Titelbild: fotolia.com
Satz: typoscript GmbH, Walddorfhäslach
Druck und Bindung: CPI – Ebner & Spiegel, Ulm
Gedruckt in Deutschland
ISBN 978-3-7751-5369-0
Bestell-Nr. 395.369

Inhalt

Mein Vater, der Ostpreuße

Mein Vater wurde in Masuren geboren. Dort, wo früher Deutschland war und die Preußen wohnten und wo jetzt Russen und Polen zu Hause sind. Dort lebte auch mein Großvater. Er war Baumeister, errichtete also Häuser und war daneben und auch dabei ein ganz spezieller Mann. Wenn einer ein Haus von ihm gebaut haben wollte, dann sagte er nur: »Komm mit, zeig mir mal dat Grundstück!« Er hatte dann ein Blatt Papier und einen großen Stift dabei, zeichnete seine Vorstellung von diesem Haus und verkündete: »Dat is Dein Haus!« Wenn das dann nicht den Vorstellungen des Auftraggebers entsprach, knüllte mein Großvater das Papier zusammen, steckte es dem Auftraggeber in die Tasche und meinte lapidar: »Kannste selber machen!« Maximal Kleinigkeiten konnten ab der ersten Skizze noch geändert werden, alles Weitere hat Opa sonst geregelt. Außerdem war er der erste »Rote« in Ostpreußen; er glaubte nicht an Gott und von der Kirche hielt er noch weniger. Das erzählte er jedem, der es wissen wollte, vor allem wenn er einen getrunken hatte: »Wenn ich mal sterb, kein Pastor, kein Redner. Begrab mich unterm Misthaufen, damit mein Körper noch was bedeutet, und dann stellt hinten am Waldrand einen Trompeter hin, der soll ›Die Post im Walde‹ blasen!« Das war mein Großvater.

Er hatte fünf Söhne, die alle in seinem Baugeschäft tätig waren und demzufolge auch alle einen Bauberuf erlernen mussten. Mein Vater lernte Maurer, aber gleichzeitig auch Kaufmann, weil er mal den Betrieb übernehmen sollte, obwohl er nicht der Älteste war.

Vater war gerade fünfzehn Jahre alt, da brach der 1. Weltkrieg aus. Die Russen fielen in Ostpreußen ein und das Haus meiner Großeltern lag genau zwischen der nächstgelegenen Stadt und der Grenze. Mein Vater musste gerade Speis anmischen, als eine Gruppe von Kosaken auf Pferden vorbeigeritten kam, schreiend und mit gezogenen Säbeln. Mein Vater fand das so spannend, dass er ihnen bis auf den Marktplatz hinterhergelaufen ist. Mein Opa bemerkte das und lief wiederum seinem Jungen hinterher, weil er der Ansicht war, dass das doch gefährlich werden könnte. Und dann, auf dem Marktplatz, sah er, wie die Kosaken seinen Jungen festnahmen und mit anderen Deutschen zusammentrieben. Da lief mein Opa hin und rief den Kosaken zu:»Lasst doch den Jungen laufen, der ist ja erst fünfzehn Jahre alt!« Die Kosaken grölten lautstark, einer von ihnen zog seinen Säbel und schlug meinem Opa vor den Augen meines Vaters mit einem Schlag den Kopf ab.

Natürlich haben die Kosaken meinen Vater nicht laufen gelassen. Sie haben ihn vielmehr nach Sibirien verschleppt, wo er bis 1920 in der Gefangenschaft blieb. Bis es erneut eine Revolution in Russland gab, die Große Sozialistische Oktoberrevolution, die gewaltsame Machtübernahme durch die russischen kommunistischen Bolschewiki und die Abdankung von Zar Nikolaus II. Damals herrschte große Verwirrung in Russland und zudem noch in weiten Teilen des Landes ungeklärte Machtverhältnisse, sodass die Gefangenenlager mal von den kommunistischen »Roten« besetzt wurden, dann wieder von den »weißen« Anhängern des Zaren. Mein Vater beobachtete das und wollte diese Situation zur Flucht nutzen. Also unterbreitete er seinen

Kumpels irgendwann den Vorschlag: »Wir wollen abhauen.« Dann haben die Kriegsgefangenen um meinen Vater eine besoffene, russische »rote« Mannschaft entwaffnet, sich deren Uniformen angezogen und sind einfach drauflosgelaufen. Tausende von Kilometern, von Sibirien bis nach Ostpreußen. Wenn es möglich war, sind sie mit der Bahn gefahren, aber hauptsächlich sind sie gelaufen. Unterwegs mussten sie immer wieder die Seiten wechseln, je nachdem, durch wessen Gebiet sie gerade zogen. Wenn sie ein Gebiet der »Weißen« erreichten, banden sie sich eine weiße Armbinde um und taten so, als ob sie Zarenanhänger wären. Wenn sie dagegen in ein kommunistisches Gebiet gelangten, hängten sie sich eine rote Armbinde um und waren eben Kommunisten.

So gelangte mein Vater wieder nach Hause. Meine Oma erkannte ihn erst nicht wieder, bis sie näher hinsah und plötzlich entdeckte, dass es doch ihr Sohn war. Sie hatte ihn zuletzt als fünfzehnjährigen Burschen gesehen und jetzt war er mittlerweile 21 Jahre alt. »Hermannchen, Hermannchen!«, hat sie gerufen und war überglücklich.

Aber lange blieb Ostpreußen nicht mehr ihr Zuhause, da mein Vater dort keine Arbeit finden konnte. Also zogen sie ins aufstrebende Ruhrgebiet; dort versprachen sie sich eine größere Aussicht auf Arbeit. Zumal sich dort schon eine seiner Tanten angesiedelt hatte. Bei ihr war er ein sogenannter »Kostgänger«. Davon gab es drei Kategorien: Der »einfache Kostgänger« besaß lediglich ein Bett und war so etwas wie ein Mieter, der nicht verpflegt wurde und auch nicht zur Familie gehörte. Manchmal war es auch nur jemand, der von der Arbeit zum Mittagessen kam, weil der Weg nach

Hause zu weit war. Dann gab es den »Kostgänger voll«, der sich nicht nur eines Bettes, sondern auch der Verpflegung erfreute. Schließlich existierte noch der sogenannte »Kostgänger volle Kost«. Volle Kost bedeutete in diesem Fall, dass er auch noch die Witwe beglücken durfte. Denn diejenigen, die Kostgänger beherbergten, waren meistens Witwen von Bergmännern. Mein Vater war eben ein aktiver Mann, der nicht nur unter Tage schwer gearbeitet hat. Er hat auch die Gewerkschaft organisiert, war ein »Roter«, hat wenig von Kirche und Religion gehalten, dafür umso mehr gelesen und nachgedacht – und Witwen froh gemacht. Das war also der Hermann.

Die Anna, meine Mutter

Anna kam auch aus Ostpreußen, ebenfalls aus Masuren. Als die Russen nach Ostpreußen eindrangen, flüchtete sie nach Berlin. Dort wurde sie Dienstmädchen bei einer jüdischen Arztfamilie. Sie hat sich bei dieser Familie so richtig wohlgefühlt, denn sie waren sehr nett zu ihr. Die Frau des Arztes, die sich ja früher auch gerne »Frau Doktor« nennen ließ, obwohl sie gar nicht studiert hatte, hat meine Mutter immer eingekleidet. Wenn sie mal ein Kleid oder einen Mantel nicht mehr mochte, dann hat sie die Klamotte meiner Mutter geschenkt. Und von ihr hat sich meine Mutter auch alles Mögliche abgeschaut, zum Beispiel wie man sich die Lippen schminkte oder wie man rauchte. Das war damals für Frauen eher tabu, aber meine Mutter fand das spannend und wollte es ausprobieren. Unglücklicherweise hat sich der Arzt dann in meine Mutter verknallt, woraufhin seine Frau meine Mutter sanft aus dem Haus beförderte. Sie war nicht böse mit ihr, gab ihr auch keine Schuld an der Situation. Aber sie musste eben weg, des lieben Ehefriedens willen. So kam sie dann nach Dortmund zu Verwandten der Ärzte in Berlin, zum Rechtsanwalt Luss. Dort wurde sie erneut Dienstmädchen, arbeitete sich dann aber recht schnell hoch. Sie war scheinbar sehr gut in ihrem Job und mauserte sich schließlich zum »Kindermädchen mit Familienanschluss«. Deshalb durfte sie also mit Herrn und Frau Rechtsanwalt sowie mit deren Kindern zusammen am Tisch essen. Natürlich nicht, wenn Gäste kamen, dann hatte sie zu bedienen. Aber im Alltag gehörte sie dazu.

Meine Mutter hatte auch noch zwei Schwestern im Ruhrgebiet: Guste in Dortmund und Amalie in Herne. Einmal im Monat besuchte meine Mutter regelmäßig ihre Schwester Amalie. Das war eine Strecke von zwanzig Kilometern mit der Straßenbahn, die ja damals im Ruhrgebiet fuhr und vor allem das Transportmittel der »einfachen« Leute war.

Mutter, Vater und der Rübenberg

Meine Mutter war also mal wieder mit der Straßenbahn von Dortmund nach Herne gefahren – einmal umsteigen inklusive, anders war das nicht möglich. Nach der Fahrt musste sie noch den Rübenberg erklimmen, denn dort oben wohnte ihre Schwester Amalie. Der Rübenberg war ein Berg mitten im Ruhrgebiet, auf dem zum einen Rüben wuchsen, denen er seinen Namen zu verdanken hatte. Zum anderen waren dort Schafe samt den dazugehörenden Ställen zu finden, denn meine Tante hatte einen Schafzüchter geheiratet. Der war gleichzeitig aber auch Handlanger auf dem Bau, weil der Verdienst mit der Zucht nicht ausreichte. Er wurde »Schafs-Otto« genannt und trug stets nur Holzschuhe, Pantinen, seine Arbeitskleidung und eine Mütze; Letztere diente vor allem dazu, seine Glatze zu verbergen.

Schafs-Otto war ein Kerl, der kaum ein Wort redete. Amalie und er wohnten oben allein auf dem Rübenberg. Eines Sonntagmorgens ging also meine Mutter, nachdem sie aus der Straßenbahn ausgestiegen war, auf den Rübenberg hoch – just zu der gleichen Zeit, in der mein Vater über den Berg zog und philosophisch nachdachte, wie er das immer nannte. Plötzlich erblickte er auf dem Rübenberg diese Frau, die da überhaupt nicht hin passte. Stöckelschuhe, eng taillierter Mantel, ein riesengroßer Hut auf dem Kopf sowie eine Parfümfahne. Er rannte ihr sofort hinterher, denn so etwas hatte er noch nie vorher in seinem Leben gesehen; Fernsehen gab es damals ja noch nicht. Meine Mutter ging nun zu ihrer

Schwester in diese Hütte und mein Vater schnurstracks hinterher. Natürlich starrte meine Tante den fremden Mann an, der unbekannterweise vor ihrer Tür stand, und fragte ihn: »Wat wollen Sie denn hier?« Worauf er nur entgegnete: »Ich bin auch aus Masuren.«

Aus dem Tonfall der Frau hatte er sich ihre Herkunft erschlossen. Ohne auch nur ein weiteres Wort zu sagen, ging mein Vater an ihr vorbei und setzte sich einfach in die Küche. Er bekam etwas zu essen, die Schwestern unterhielten sich, Hermann saß da und keiner wusste, was er eigentlich wollte.

Irgendwann meinte meine Mutter, die Anna, schließlich: »Ja, ich muss jetzt zur Straßenbahn.« Als ob er auf dieses Stichwort gewartet hätte, gab Hermann seinen ersten Satz preis: »Darf ich Sie begleiten?« Meine Mutter willigte ein, woraufhin beide zur Straßenbahn vom Rübenberg runterstiegen und sich bis zur Haltestelle über Gott und die Welt unterhielten.

Die Bahn war aber bereits weg, was Hermann nur kommentierte mit: »Dann können wir auch bis zur nächsten Haltestelle gehen.« Sie sind dann einfach losgelaufen und haben dabei die Zeit total vergessen. Die nächste Bahn hat sie überholt, was sie nicht weiter störte. Schließlich kamen sie am nächsten Morgen in Dortmund an. Hermann lieferte Anna bei der Rechtsanwaltsfamilie ab, rannte sofort zurück, schuftete die ganze Woche und besuchte am nächsten Sonntag die Anna wieder. Daraus erwuchs schließlich eine große Liebe und das Produkt bin ich, der Kammi. Ich war das erste Kind der beiden, aber getauft wurde ich nicht – davon hielt mein Vater ja nichts.

Der kleine Fritz mit seinen Eltern

Kurz darauf zogen wir in eine Kolonie. Mein Vater arbeitete unter Tage, meine Mutter kümmerte sich um uns, das heißt natürlich vor allem um mich, da ich ja gerade eben erst geboren worden war. Wir wohnten in einer richtigen Mietskaserne mit fünf Familien auf einem Flur. Auf dem Flur gab es ein Waschbecken für alle Familien zusammen, das Klo war ebenfalls auf dem Flur und funktionierte ohne fließendes Wasser, also als Plumpsklo. Das stank im Sommer ganz erbärmlich, aber man gewöhnte sich auch daran. Ja, und so lebten wir da.

Bei uns wird eingebrochen

Irgendwann kam dann noch meine kleine Schwester auf die Welt. Wir waren also zu viert und besaßen zwei Räume: eine Küche und ein Schlafzimmer, in dem wir alle zusammen schliefen. Eines Tages erschien ein Polizist bei uns, der meinen Vater warnen wollte. Er sagte zu ihm: »Hermann, du weißt doch, dass Hitler befohlen hat, dass alle Parteivorsitzenden von Parteien, die nicht Nationalsozialisten sind, zurücktreten müssen. Du hast das nicht gemacht. Hermann mach dat, ich möchte dich nicht verhaften. Mach doch keinen Scheiß, trete zurück!« Mein Vater war nämlich Vorsitzender der Gewerkschaft in der Zeche und Vorsitzender der Sozialisten in unserem Stadtteil.

Er aber hat sich geweigert, einfach so zurückzutreten. Und eines morgens um vier Uhr, da wurde bei uns nicht an die Tür geklopft, sondern die Tür einfach eingetreten. Herein kamen die Polizei und die SS in schwarzen Uniformen, die Schlägertruppe der Nazis. Die haben meinen Vater aus dem Bett gezerrt, zusammengeschlagen, ihn als »roten Polak« beschimpft, obwohl sie selbst Koslowski und Kaminski hießen und selbst früher von roter Gesinnung waren. Ich habe versucht, meinen Vater zu verteidigen, ihm zu helfen, aber die haben mich humorlos in die Ecke geschmissen und Vater schließlich mitgenommen. Da habe ich dann zu meiner Mutter gesagt: »Mutter, unser Vater, dat is doch kein Verbrecher! Warum haben die den denn eingesperrt?« »Ja«, erklärte sie, »Junge, dat sind die Verbrecher!« »Ja, aber«, erwiderte ich, »dat waren doch Polizisten!«

»Ja, Junge«, antwortete sie, »das spielt keine Rolle, das sind Üble, das!«

Fritz kommt in die Schule

Ich darf nicht mitspielen

Dann war mein Vater weg. Meine Mutter, die dadurch Anspruch auf Sozialgeld gehabt hätte, wollte von den Nazis keinen Pfennig annehmen. Sie wurde lieber in einer sogenannten »Bumskneipe« Kellnerin, was ihr echt sehr schwer gefallen sein muss. In der Kneipe wurde sie in Hintern und in die Brüste gekniffen, vor allem von den Besoffenen, aber das waren ja sowieso fast alle. Das war ganz schön übel, aber wir brauchten das Geld und so hat sie es über sich ergehen lassen. Sie weinte sehr oft in dieser Zeit.

Auch ich habe es zu spüren bekommen, dass sie meinen Vater eingesperrt hatten. Ich spielte nämlich damals gerne Fußball. Im Hinterhof bei uns, den wir einfach »Schlacke« nannten, hatten wir einen Verein gegründet und ihn »Schlacke 05« getauft – in Anlehnung an den FC Schalke 04. Wir hatten allerdings nur Teppichstangen als Tore zur Verfügung. Damals standen auf fast allen Höfen Teppichstangen: zwei Stangen im Boden befestigt, eine Stange zwischen den beiden als Querlatte. Da legten dann die Leute ihre Teppiche drüber, um sie dort mit einem Teppichklopfer zu bearbeiten. Dort spielten wir Fußball.

Nachdem sie meinen Vater verhaftet hatten, wollte ich am nächsten Tag Fußball spielen gehen, aber sie ließen mich nicht mitspielen. »Du bist ein roter Polak, Sohn eines Zuchthäuslers, du darfst nicht mitspielen!« Das ist mir unheimlich schwergefallen, das war ganz schlimm. Der Grund – warum, wieso, weswegen, – war für mich gar nicht wichtig, aber ich durfte nicht mitspielen – das war hart!

Nach anderthalb Jahren kam mein Vater zurück, er war im Konzentrationslager in Dachau gewesen und wurde dort furchtbar zugerichtet. Er hatte keine Zähne mehr, die hatten sie ihm rausgeschlagen. Und sein ganzer Körper war übersät mit Narben. So kam er nach Hause, wir haben ihn alle umarmt und Mutter hat ihn gefragt: »Wie war dat denn?« Aber er hat nur den Finger gegen die Lippen gelegt und geantwortet: »Ich red nicht darüber, denn sonst sperren sie mich wieder ein.« Er hat auch nicht darüber geredet, nur den einen Satz hat er sich einmal entlocken lassen: »Ich bin noch immer dat, wat ich bin und gewesen bin, ich hab mich nich verändert.«

Ab dann war Vater wieder zu Hause. Er ging zur Zeche, hat sich erneut anlegen lassen, wie das hieß, wenn man unter Tage geht. Das Leben ging einfach so weiter, als ob nichts gewesen wäre. Zum Beispiel folgte das Mittagessen einem bestimmten Ritual. Es gab bei uns einfaches Essen, sechs Mal in der Woche Eintopf. Aber am Sonntag wurden Fleisch, Koteletts, Rotkohl und Kartoffeln aufgetischt. Das war schon etwas anderes als die Suppe mit Mehlschwitze, die es unter der Woche gab und die grauenhaft schmeckte – trotzdem musste ich immer den Teller leer machen. Danach waren die Schularbeiten dran. Und wenn ich mit denen fertig war, musste ich meine Schiefertafeln, die wir damals anstelle von Heften besaßen, meiner Mutter hinschieben. Sie kontrollierte, ob alles richtig war. Vater saß daneben und ich hab ihm dann ebenfalls die Schiefertafeln zugeschoben. Auch er hat drübergeschaut und dann entschieden: »Ist in Ordnung, kannst Fußball spielen gehen«. Denn ich durfte erst dann Fußball spielen, wenn ich leer gegessen und Schularbeiten gemacht hatte. So war das vor seiner Inhaftierung.

Aber dann, nachdem er wieder zurückgekehrt war und wir unser erstes Mittagessen sowie die Schularbeiten hinter uns hatten, blieb ich sitzen. Er fragte mich: »Willste nicht Fußball spielen gehen?« »Nee, Vater«, antwortete ich, »die lassen mich nicht mehr mitspielen.« »Ja warum denn nicht?« Ich habe mich nicht getraut, ihm die Wahrheit zu sagen, zu sagen, dass der Grund der war, dass sie ihn eingesperrt hatten. Stattdessen habe ich geflunkert: »Die sagen, ich wäre nicht mehr so gut.«

Mein Vater hat das zwar verstanden, war aber keineswegs damit einverstanden. Er sagte nur: »Warte!«, ging auf die Geschäftsstraße unseres Stadtviertels und kam mit einem Gummiball zurück. »Gummiflatsche« hieß so ein Ball. Geld für einen richtigen Lederball hatten wir nicht. Dann ging er mit mir auf den Platz, auf dem Schlacke 05 gerade gespielt hat. Die hat er mit einem lauten »Haut ab!« verscheucht und zu mir gesagt: »Stell dich in dat Tor.« Ich hab mich zwischen die Teppichstangen gestellt und er hat auf das Tor geschossen. Er hat so geschossen, dass ich viele Bälle halten konnte. Dann, nachdem wir eine Weile so gespielt hatten, wechselten wir und er ging ins Tor. Ich hab aufs Tor geschossen und er hat viele Bälle durchgelassen, die er hätte halten können. Ich weiß heute noch, dass ich 37 zu 32 gewonnen habe. Da bin ich sogar heute noch stolz drauf und das werde ich meinem Vater auch nie vergessen.

Als wir fertig waren, da gab er mir den Ball und sagte: »Der gehört dir.« Die anderen Jungs hatten nur einen kaputten Ball. Sie standen alle im Hintergrund und hatten zugeschaut, wie wir spielten. Als mein Vater und ich gerade weggehen wollten, da rief einer von ihnen: »Kannste wieder mitspielen.« Was ich seit diesem Tag durfte und auch gerne tat.

Wie ich Hitlerjunge wurde

In Deutschland existierte zur Nazizeit jeden Mittwoch das sogenannte Antreten. Dabei sollten sich alle zehn- bis vierzehnjährigen Jungen und Mädchen in allen Schulhöfen Deutschlands aufstellen und versammeln. Beide hatten dann ihr eigenes Programm. Die Mädchen sollten darauf vorbereitet werden, später mal deutsche Mütter zu sein. Die Jungs dagegen wurden bereits mit zehn Jahren in der Hitlerjugend als Soldaten ausgebildet. Alle Jungs waren begeistert und rannten wie wild zum Antreten. Meine Mutter aber mahnte mich an: »Junge, da gehst du nich hin, du weißt, was die Nazis deinem Vater angetan haben, du bleibst hier!«

Nun ist das aber so: wenn die eigene Mama etwas verbietet, erhöht sich der Reiz und irgendetwas in einem lässt einen dann nicht auf die Mutter hören. Der Reiz des Verbotenen ist groß und man muss unweigerlich doch hingehen, zumindest zum Gucken. Also bin auch ich hingelaufen, wurde aber postwendend wieder weggejagt, weil ich ja der Sohn von einem roten Zuchthäusler war. Nach dem Fußball wurde ich also zum zweiten Mal abgewiesen und das war genauso hart. Denn ich ging immer wieder hin, jeden Mittwoch, und habe von draußen zugeschaut, wie die auf dem Schulhof marschiert sind. Sie hatten einen Fanfarenzug und auch Trommeln und sie haben Fußball und Geländespiele gespielt. Aber ich durfte nicht mitmachen – der einzige Junge in unserer Kolonie, der nicht mitmachen durfte.

Bis eines Tages der Hitlerjugendführer auf mich zukam, der ein paar Jahre älter als ich war und auf den Namen Rudi

Wecker hörte. Natürlich wollte ich wieder weglaufen, doch er rief mir zu: »Nee, nee, bleib mal stehen!« Ich bin sofort stehen geblieben. Er fragte mich: »Willst du mitmarschieren?« »Ja«, habe ich wie aus der Pistole geschossen geantwortet. »Dann komm!« Er hat mich mitgenommen und weil ich ziemlich groß war – damals waren wir ja noch nicht so lang wie die Jugendlichen heute –, kam ich gleich ins erste Glied. Ich durfte mitmarschieren, was wunderbar für mich war. Jetzt durfte ich endlich dazugehören und war nicht mehr ausgeschlossen.

Hitlerjunge Pawelzik

Ich bin nicht durch die Ideologie Nazi geworden. Ich bin begeisterter Hitlerjunge geworden, weil ich mitmarschieren durfte und es sogar bis zum Hitlerjugendführer gebracht habe. Wir haben Lieder gesungen wie »Es zittern die morschen Knochen« oder »Auf der Heide blüht ein kleines Blümelein«. Aber wir haben auch Hetzlieder gegen die Juden gesungen. Die Nazi-Ideologie infizierte mich wie auch all die anderen Jungen durch den Spaß am Marschieren, durchs Mitmachen, Singen, Spielen und solche Dinge. Wir haben gesungen und sind marschiert, ich fühlte mich so richtig wie ein Soldat, war ganz bei der Sache. Nur eins wollte ich in meinem Leben werden: ein deutscher Soldat; das fand ich das Schönste.

In der Schule haben wir auch gepredigt bekommen, wie wunderbar Deutschland sei, dass wir die Klügsten sind und die Besten, dass wir die besten Dichter und Denker haben und alles Mögliche. Ich war also begeisterter Hitlerjunge, bin mit Freuden marschiert, habe Schießen gelernt und mit vierzehn Jahren Segelfliegen in der Rhön. Alles war schon eine Vorbereitung auf den Krieg, denn ich wollte und sollte mal Kampfflieger werden. Ja, ich war begeisterter Hitlerjunge!

Meine Mutter fand irgendwann heraus, dass ich mich dem Verein angeschlossen hatte. Enttäuscht sagte sie zu mir: »Junge, wie kannst du da hingehen? Denk doch mal dran, was die, der Hitler und seine Leute, was die dem Vater angetan haben in Dachau in dem KZ, wie sieht der Vater aus?« Dann hab ich mich der Entschuldigung bedient, die damals wohl alle Deutschen gebrauchten: »Mutter, wenn dat der Führer wüsste!« Wir waren alle der Meinung, dass das Übel, das alltäglich passierte, von den Leuten am unteren Rand der

Hierarchie ausging. Unser Führer, Adolf Hitler, der wüsste gar nichts davon – was natürlich totaler Nonsens war, da das alles von oben befohlen wurde.

Ich muss meinen Eltern sehr wehgetan haben, indem ich begeisterter Hitlerjunge wurde und bei dem Laden mitgemacht habe. Das war schlimm für sie und tut mir heute noch leid.

Der Krieg bringt alles durcheinander

1939 griff Deutschland Polen an. Es wurden irgendwelche Vorwände für diesen Angriff gefunden und Polen war in 18 Tagen besiegt. Hitler hatte Deutschland schon seit 1933, seit er an die Macht kam, auf den Krieg vorbereitet. Er ließ Autobahnen bauen und Soldaten ausbilden, was in der Hitlerjugend schon anfing. Die Deutschen waren so gut organisiert und ausgebildet, dass sie erst Polen und danach auch gleich noch Skandinavien besetzt haben. Darauf folgte Frankreich, das mit England gegen uns in den Krieg trat, weil wir Polen angegriffen hatten. Nach sechs Wochen war auch Frankreich erledigt. Ich war so stolz darauf, ein Deutscher zu sein! Herrlich, ich wollte nur noch eins sein, nämlich Soldat. Wir haben ja ununterbrochen gewonnen, das Radio war voll mit Sondermeldungen, mit Marschmusik und ich war ein begeisterter Hitlerjunge, der schießen gelernt hatte. Ich hatte gelernt, wie man sich als Soldat im Feld benimmt, und das Segelfliegen. Immer mehr bereitete ich mich auf den Einsatz an der Front vor – und freute mich darauf. Wenn meine Mutter meckerte, erwiderte ich nur: »Guck mal, Mutter, ich zahl keinen Pfennig!«

Schließlich kam ich auf eine Adolf-Hitler-Schule, eine Nazi-Elite-Schule. Meine Mutter war entsetzt, mein Vater sagte aber: »Lass den Jungen mal ruhig gehen. Der lernt da lesen und schreiben und in zehn Jahren gibt's kein Hitler mehr.« Aber wir haben nur weiter gewonnen. Bis zu jener Schlacht bei Stalingrad. Wir sind in dem Krieg bis an die Wolga vorgedrungen, hielten den europäischen Teil von

Russland besetzt und dann kam Stalingrad. Eine Stadt an der Wolga, bei der die erste Schlacht stattfand, die wir Deutschen verloren haben. Ab da ging dann alles rückwärts. Und so ist das ja nun einmal im Leben: wenn du gewinnst, hast du Freunde; wenn du verlierst, hauen sie alle ab. Die Russen haben den Widerstand organisiert und sich Verbündete geholt, die Amerikaner griffen in den Krieg ein. Die Italiener ließen uns im Stich, ebenso wie alle anderen, die vorher mit uns kämpften. Einzig die Japaner hielten uns die Treue und blieben an unserer Seite. So legten wir den Rückwärtsgang ein und die Erfolge gingen zurück und zurück.

Oh, war ich erschüttert! Ich habe mich sofort freiwillig als Soldat gemeldet, bin damit meinem unbändigen Wunsch nachgekommen, denn ich wollte unbedingt Soldat werden, was dann mit sechzehn Jahren auch endlich eintrat. Ich wurde zur Luftwaffe gerufen und habe dort gelernt Motorflugzeug zu fliegen, eine Messerschmidt 109. Es ist an sich ein Verbrechen, 16-Jährige in so ein Flugzeug zu setzen. Aber die Amerikaner hatten die Lufthoheit über Deutschland inne und alle deutschen Flugzeuge abgeknallt. Die Piloten sind dabei natürlich umgekommen und man suchte händeringend neue. So wurde ich mit sechzehn also zum Flieger ausgebildet und musste mitansehen, wie wir den Krieg immer mehr verloren. 1945 standen die Amerikaner schon am Rhein und die Russen an der Oder, 60 Kilometer von Berlin entfernt. Dort hatten sie einen Brückenkopf über die Oder gebildet, in dem sie Soldaten und Waffen stationiert hatten. Jeder wusste von diesem speziellen Brückenkopf bei Berlin. Es ging die Runde, dass von dort aus der letzte Angriff gegen Berlin vorgetragen werden würde.

Wir hatten kein Benzin mehr, weil die Alliierten unsere Benzinwerke kaputt bombardiert hatten und weil wir von jeglichen Zufahrtswegen abgeschnitten waren. In dieser Situation wurden Freiwillige für den Endkampf um Berlin gesucht. Ich habe mich sofort gemeldet und gelangte so nach Berlin. Wir sind mit unseren Flugzeugen nach Berlin geflogen, haben sie dort im Flughafen Tempelhof abgestellt und wurden unmittelbar an die Front beordert. Ich weiß noch, dass es Abend war, als ich nach Schulzendorf am Oderbruch kam. Wir wurden sogleich aufgeteilt auf die Truppen, die dort an der russischen Front lagen. Zu mir kam ein Fallschirmjäger, begutachtete mich von oben bis unten und sagte nur: »Komm mit!« So wurde ich den Fallschirmjägern zugeteilt.

Der Morgen, als die Russen kamen

Der Fallschirmjäger nahm mich mit und ich wusste von Erzählungen, dass die Fallschirmjäger eine ganz spezielle Truppe waren, so eine Art Elitetruppe, die normalerweise hinter der Front ins feindliche Gebiet absprangen. Aber jetzt lagen sie hier an der Oder, um die Russen zurückzuhalten. Wir wurden nach Letschin abgezogen, das ist ein Ort an der Oder – genau an dem Brückenkopf, an dem die Russen über die Oder gedrungen waren. Man sagte sich, dass die Russen eine Million Soldaten sowie Panzer und Artillerie in diesem Brückenkopf untergebracht hatten, zudem noch Unterstützung durch die Luftwaffe von oben. Wir hatten nichts dergleichen mehr zur Verfügung. Als wir den Ort erreichten, war gerade ein Kampf zwischen Deutschen und Russen zu Ende gegangen. Überall lagen die Toten und die Schwerverletzten auf der Straße. Ich kannte dieses Bild, es war mir schon vom Ruhrgebiet vertraut, denn dort wurde ja auch dauernd bombardiert.

Als wir in die Stadt hineingingen, fragte mich der Fallschirmjäger: »Kannste Nahkampf?« »Nö«, antwortete ich, »kann ich nicht.«

»Ja, bring ich dir dann mal bei.« Vor uns lag ein toter deutscher Soldat. Er nahm dessen Stahlhelm, haute mir den regelrecht auf den Kopf und sagte: »Passt!« Dann nahm er dem deutschen Soldaten das Sturmgewehr weg und reichte es mir mit den Worten: »So, jetzt bring ich dir bei, wie man schießt!« Er machte einen Ritz an einen Baum und erklärte: »Du musst die Waffe saugend und schraubend umfassen und in die Achselhöhle ziehen. Und dann auf Bauchhöhe zielen.« Die Worte klingen heute noch in meinen Ohren nach. Ich habe das dann genau so gemacht. Grauenhaft, wenn ich heute daran denke. Aber damals habe ich gedacht, das muss so sein. Du musst deine Pflicht für Deutschland erfüllen.

Nachdem ich das Schießen geübt hatte, nahm der Fallschirmjäger dem toten deutschen Soldaten auch noch das Messer ab, das dieser am rechten Oberschenkel stecken hatte, das sogenannte Kappmesser. Die Fallschirmjäger trugen das am Oberschenkel in einer Scheide als eine Art Gütezeichen. Es sollte vor allem dann zum Einsatz kommen, wenn nach dem Absprung und dem Öffnen der Fallschirme sich die Leinen verhedderten, um sie dann mit ihrem Messer durchschneiden zu können, egal ob vor oder nach der Landung. Dieses Messer trugen sie immer an sich – und jetzt schmückte es meinen rechten Oberschenkel, nachdem mein Fallschirmjägerfreund es dort festgemacht hatte. Zufrieden bemerkte er: »So, jetzt zeige ich dir mal, wie man Nahkampf macht.« Und dann macht er mir vor, wie man zustoßen muss, wenn man im Nahkampf ist. Ich will das an dieser Stelle nicht in allen Einzelheiten schildern, das ist zu übel. Aber an dem Abend habe ich ausgiebig gelernt, wie man einen Menschen mit einem Messer tötet. So wurde ich auf den Kampf vorbereitet.

Schließlich gelangten wir endlich an die Front. Ich hatte mir vorgestellt, dass da eine Menge Schützengräben wären, in denen man neben anderen Soldaten stehen würde. Die gab es aber nicht, dafür waren wir zu wenige. Für uns gab es nur Deckungslöcher. Ich musste mir mein Loch selbst buddeln. 20 Meter nach rechts und 20 Meter nach links entfernt lag ein Kamerad von mir. Insgesamt waren wir achtzigtausend Mann, wie ich später erfahren habe. Achtzigtausend deutsche Soldaten gegen eine Million Russen. Das war mal ein Kräfteverhältnis! Ich lag also völlig ahnungslos in meinem Deckungsloch. Im nächsten Deckungsloch neben mir war mein Chef untergebracht, der Oberleutnant, der Kompaniechef. Der gab folgende Losung aus:»Wenn die Russen kommen, rankommen lassen. Erst mal rankommen lassen und nicht eher schießen, bis ich schieße.«

Und dann begann das Geduldsspiel. Eines Nachts fingen sie an, uns zu beschießen. Zwölf Stunden lang haben sie mit ihrer Artillerie auf uns runtergehämmert – und ich war da allein in meinem Loch. Ich hörte, wie meine Kumpels, die getroffen wurden, schrien. Todesschreie, Schmerzensschreie. Da ich ja nicht an Gott glaubte und in meiner Verzweiflung nicht wusste, was ich machen sollte, habe ich nach meiner Mama gerufen. Ganz laut Mama. Ich dachte, ich wäre der Einzige gewesen, und habe mich hinterher wie ein kleines Kind geschämt. Aber später habe ich von vielen gehört, die das Gleiche gemacht haben. Heute weiß ich: Wenn einem der Weg nach oben verbaut ist, wenn man nicht mehr nach oben schreien kann, dann will man nur noch zurück in den Bauch seiner Mama, was aber leider nicht möglich ist. Zwölf Stunden lang harrte ich in diesem Granatenhagel aus; dass ich nicht getroffen wurde, kam mir wie ein Wunder vor. Zu guter Letzt kamen morgens die Russen. Sie hatten hinter ihrer Front Scheinwerfer aufgestellt, mit denen sie uns blenden wollten. Doch das Licht schien über uns hinweg, sodass sie uns ihre eigenen Soldaten im Scheinwerferlicht präsentiert haben. Das war wie auf einer Bühne: Die Russen kamen auf uns zu, marschierten geradeaus, Mann neben Mann, haben Lieder gesungen und »Urey« geschrien. Und ich dachte: »Da kannste doch nix machen.« Ich sah zudem, wie die Panzer auf uns zu rollten. Die Russen schienen nicht zu wissen oder hatten es schlichtweg nicht bedacht, dass der Oderboden sumpfig und von großen Abflussrinnen durchzogen ist. In diesen Rinnen sind die russischen Panzer stecken geblieben und abgesoffen. Hunderte. Ich war in meinem Loch und habe gelacht, als ich beobachtete, wie die Panzer einsanken, wie ihr Schwanz hochkippte und sie verschwanden. Doch da waren ja noch die Soldaten. Eine Million. Einer neben dem anderen, ineinander eingehakt, singend. Gegen diese Wand waren wir machtlos, das wusste ich; dagegen ist nichts zu machen, das sind zu viele. Ich schloss meine Augen und dachte nur noch: Wenn sie dich erschießen, biste tot; wenn sie dich laufen lassen, wenn sie dich in Gefangenschaft nehmen, dann biste eben gefangen. Sie kamen immer dichter heran, ich konnte sie schon gut hören. Und als sie auf hundert Meter an uns dran waren, fing der Oberleutnant an zu schießen, ebenso die anderen Deutschen. Nur ich nicht. Ich hatte die Augen immer noch zu und konnte sonst nichts machen, denn ich war wie gelähmt. Aber ich hörte, wie meine Kameraden trafen. Die Russen schrien, furchtbare Schreie, die sich in nichts von den deutschen Todesschreien unterschieden. Der Oberleutnant merkte, dass ich nicht am Schießen war, und schrie mich an: »Pawelzik, wenn du nicht schießt, dann leg ich dich um. Nach dieser Drohung habe ich doch geschossen. Erst mit geschlossenen Augen, aber ich konnte ja gar nicht danebenschießen, die Russen kamen schließlich wie im Block. Ich glaube, dass jeder Schuss saß. Ich hab sie schreien gehört – wieder diese Todesschreie. Grauenhaft hörte sich das an! Schließlich habe ich mich getraut, meine Augen aufzumachen. Und dann sah ich, wie sie fielen. Dann habe ich gesehen, wie ich Menschen getötet habe. Nicht einen, sondern Dutzende. Es war alles wie in Trance. Wenn ich heute daran denke, war ich eigentlich nicht ich selbst. Aber ich war – zumindest in dem Moment – stolz darauf, meine Angst und meine Scham überwunden zu haben. Das hatte ich geschafft, indem ich mir sagte: Du bist jetzt ein deutscher Soldat. Quasi am Ziel angekommen.

Damals habe ich gelernt, was ein Mensch alles kann. Ein Mensch kann lieben und töten, alles ist in uns drin. Ich schoss, ich schoss wie die anderen auch, wie eine Maschine aus mir heraus, bis es dunkel wurde und sich die Russen zurückzogen. Sie sind nicht durchgekommen bei uns. Der Oberleutnant kam an mein Loch, zog mich hoch, klopfte mir auf die Schulter und jauchzte: »Bist ein guter Soldat!« Das war das Höchste, was er sagen konnte. Er bot mir das Du an: »Du brauchst nicht mehr Herr Oberleutnant sagen, ich bin der Klaus.« Auch die anderen Soldaten eilten herbei und hauten mir ebenfalls auf die Schulter: »Kerl, du bist ein prima Kerl, gut, dass wir dich haben. Wenn der scheiß Krieg zu Ende ist, gehen wir einen saufen.« Ich hatte bis dahin noch nie etwas getrunken, aber ich fühlte mich wie ein richtiger Mann.

Mein grausames Rollenspiel

Nachdem wir eine Weile so dagestanden hatten, sagte der Oberleutnant zu mir: »Fritz, hinten im nächsten Ort, in Metzdorf, da ist unser Regimentsgefechtsstand. Lauf mal zurück und frag mal, was wir machen sollen. Russen sind links und rechts vorbei, frag mal. Kannste nicht versäumen, ist der nächste Ort.« Ich lief also los, obwohl es stockdunkel war. Die Zivilisten waren alle evakuiert, es brannte nirgendwo ein Licht. Trotzdem erreichte ich Metzdorf. Auf dem Marktplatz standen Panzer. Ich dachte natürlich, dass das Deutsche seien – so naiv war ich noch. Ich fand auch die Gaststätte, in der dieser Gefechtsstand sein sollte, öffnete die Tür und stieß im dunklen Flur gegen einen Kleiderschrank. Natürlich habe ich geschimpft, doch dann vernahm ich links hinter der Tür Stimmen. Ich dachte, das muss wohl endlich der Regimentsgefechtsstand sein. Also machte ich die Tür auf und sah, dass die Gaststube voller Soldaten war. Aber die hatten alle die verkehrte Uniform an, das waren Russen! Mittlerweile hatte ich ja schon Erfahrung, was den Umgang mit Russen anging. Also habe ich nicht lange gefackelt, mein Gewehr gezückt und in die Stube reingeschossen. Die Russen suchten alle unter den Tischen Deckung, ich stolperte zurück und hinter den Kleiderschrank, der an der Wand entlang stand. Ich warf mich dahinter auf den Boden, da ich sowieso nicht raus gelangen konnte. Die Russen hatten an dem Klang meiner Waffe gehört, dass ich ein Deutscher war. Draußen gingen Leuchtraketen hoch, überall wildes Rufen und Schießen; sie suchten mich. Die Soldaten rannten aus der Gaststätte hinaus und ich lag weiterhin am Schrank an der Wand entlang und hab doch tatsächlich gegrinst. Ich habe mich gefühlt wie so ein kleiner Junge beim Versteckspiel – alle müssen suchen, aber mich findet keiner. Komisch, welche Rollen man als Mensch so spielen kann: Gerade war ich noch ein Mörder, jetzt war ich der kleine Junge beim Versteckspiel.

Ich wartete und rechnete nicht damit, dass sie mich finden würden. Plötzlich kam ein Russe rein und blieb genau neben meinem Kopf stehen, vielleicht vierzig Zentimeter entfernt. Der war so dicht an meinem Kopf, dass ich seinen Fußschweiß riechen konnte. Er hatte Angst, denn ich hörte, wie abrupt er atmete. Plötzlich schoss er in den Kleiderschrank, weil er mich wohl darin vermutete. Aber dort war ich ja nicht, was mich wieder zum Grinsen brachte.

Ich wartete, bis sich alles beruhigt hatte. Eigentlich war mein Plan, irgendwie hinten raus zu kommen, aber da war alles dicht. Ich konnte ja schlecht die Tür kaputt schlagen, das hätte man überall gehört und man hätte mich wieder verfolgt. Also ging ich zurück zur Vordertür, die auch noch offen stand. Allerdings war davor ein russischer Soldat postiert, der lässig gegen die Wand lehnte, eine Zigarette rauchte und in die Nacht hinaus schaute. An dem musste ich wohl oder übel vorbei. Mir war klar: Wenn ich schieße, hören das die Russen und dann war ich verloren. Es musste eine Lösung geben und ich überlegte fieberhaft, was ich machen könnte, um an dem Posten vorbeizukommen. Da fiel mir das Grauenhafte ein, das ich vor zwei Tagen gelernt hatte. Und dann tat ich etwas, von dem ich nie gedacht hätte, dass ich das in meinem Leben überhaupt würde tun können: Ich schnitt dem Russen einfach die Kehle durch. Dann rannte ich zurück zu meinen Leuten und meldete dem Oberleutnant: »Da ist nicht unser Regimentsgefechtsstand, da sind die Russen!«

Erst in diesem Moment wurde mir bewusst, was ich vorhin getan hatte. Da musste ich mich übergeben und ich habe geheult wie ein kleines Kind. Die anderen versuchten, mich zu beruhigen: »Mann, reg dich doch nicht auf. Wenn du den Russen nicht umgelegt hättest, hätte der dich umgelegt.« Da habe ich mich wieder zusammengerissen und wieder eine andere Rolle gespielt.

Jetzt, da wir keinen Regimentsgefechtsstand mehr besaßen, kehrten wir nach Berlin zurück. Dort herrschte der Häuserkampf und der war mindestens genauso schrecklich wie die Front an der Oder. Die Russen drangen in die Stadt ein, wir versuchten die Stadt zu halten. Die Fronten gingen hin und her. Wir versteckten uns unten in den U-Bahn-Schächten, und wenn die Russen an uns vorbeigegangen waren, tauchten wir in ihrem Rücken wieder auf. Wo immer wir auf Russen trafen, legten wir sie um – auch wenn sie die Hände hochhoben. Wir haben sie dermaßen gehasst, das kann man sich gar nicht vorstellen. Und umgekehrt haben sie uns gehasst, denn man darf nicht vergessen, dass wir das Gleiche in Russland gemacht hatten. Ich nicht, ich war ja noch zu jung, aber »wir« haben das Gleiche gemacht wie die Russen. Ein grauenhafter Hass herrschte zwischen uns und den Russen.

Eines Tages befanden wir uns an der Landsberger Chaussee, hinter einer Panzersperre. Es war morgens, als der Oberleutnant zu mir sagte, dass wir auf die Russen warten würden. Er gab mir folgende Order: »Fritz, geh mal die

Straße hoch bis zur nächsten Einmündung, warte, bis die Russen kommen, und leg so viele um, wie du kannst. Wenn du nicht mehr weiter weißt, wirf ne Handgranate und wir geben dir Feuerschutz. Dann kommst du zurück.« Also ging ich die Straße hoch, immer ganz dicht an den Häusern entlang. Zum einen als Schutz- und Deckungsmaßnahme, zum anderen, weil überall geschossen wurde und Teile von den Häusern runterbrachen. Ich war todmüde, mir fielen immer wieder die Augen zu, wir hatten nächtelang nicht geschlafen und kaum etwas gegessen. Meine Waffe hatte ich vor meiner Brust hängen, die Hände waren in den Taschen versteckt. Dicht an die Hauswand gepresst ging ich hoch, bog um die Ecke und lief einem Russen direkt in die Maschinenpistole. Er hatte sich genau hierhin gesetzt, hatte wohl gesehen, wie ich kam. Ich schloss die Augen, denn wehren konnte ich mich nicht; ich hatte ja meine Hände in den Taschen. »Jetzt ist Schluss!«, dachte ich. Das ist ein grauenhafter Moment, wenn man dasteht und weiß, dass man in ein paar Sekunden tot sein wird. Was anderes zählt nicht mehr. Da rast das Leben in einem Wahnsinns-Tempo an einem vorbei. Ich war ja erst 17 Jahre alt, kurzes Leben, schade, und jetzt ist Schluss. Damals habe ich noch an nichts geglaubt, weshalb ich dann irgendwann in dem Moment mit der Maschinenpistole vor der Nase weiter dachte: »Jetzt, jetzt fällst du ins Nichts, in ein Loch.«

Ich gönne keinem Menschen so einen Moment, aber er kommt ja unweigerlich für jeden irgendwann einmal. In diesem Moment, da spürt man erst, wie erbärmlich einsam und wie klein man eigentlich ist. Ich stand da, die Augen zu, und wartete auf den Schuss. Er brauchte ja nur den Finger zu krümmen und ich wäre tot gewesen. Doch er gab mir plötzlich einen Stoß mit dem Maschinengewehr mitten auf meine Brust, worauf ich mich dann getraut habe, meine Augen aufzumachen, nur ein klein wenig. Ich blickte direkt in sein Gesicht, das nur einen Schritt von mir entfernt war. Ich konnte die Bartstoppeln in seinem Gesicht erkennen, sah die Machoka-Zigarette, die in seinem Mundwinkel hing, und seine Augen glühten voller Hass. Er hat mich gehasst. Auf seiner Uniform prangten eine Menge Orden, er muss ein tapferer Mann gewesen sein, denn damals trug man noch keine Tarnuniformen, sondern nur die normale Uniform. Seine Waffe hing direkt vor mir und ich wunderte mich: »Warum hat der noch nicht geschossen? Vielleicht ist das so ein Sadist, der weidet sich jetzt daran, dass du grauenhafte Angst hast?« Ja, ich hatte eine Angst, die war unbeschreiblich! Nach ein paar Sekunden merkte ich, wie sich sein Gesicht veränderte, denn plötzlich war kein Hass mehr darin zu finden. Ich hatte vielmehr den Eindruck, dass er auf einmal Mitleid mit mir hatte. Ich glaubte sogar, so etwas wie ein leichtes Grinsen erkennen zu können. Dann sagte er plötzlich: »Itla kaputt, der Hitler ist kaputt.« Ich dachte: solange er redet, wird er wohl nicht schießen. Nach einer kurzen Pause sprach er weiter: »Wollna kaputt, der Krieg ist kaputt, zu Ende.« Ich stand da, merkte, wie er so richtig anfing zu grinsen. Ich muss ziemlich blöd aus der Wäsche geschaut haben, jedenfalls versetzte er mir noch einen leichten Schubs mit seiner Waffe und sagte: »Geh Mama!«

Also bin ich »nach Mama« gegangen, aber nicht direkt. Er hat mich laufen lassen. Heute weiß ich, dass das so etwas wie ein Wunder war. Seitdem liebe ich alle Russen. Ich ging zurück zu meinen Kumpels und informierte sie: »Hört mal, die Russen sind auch Menschen wie wir.« Worauf sie nur erwiderten: »Wissen wir schon lange. Genieß den Krieg, der Friede wird fürchterlich!« Wir haben dann weitergekämpft, was ich bis heute noch nicht begriffen habe. Wir hätten ja weglaufen können, es gab ja keine Kontrolle mehr. Und ich war sogar noch der Einzige, der immer noch an Hitler glaubte. Die anderen von uns, die haben einfach so weitergekämpft; das war nur die Rolle, die sie glaubten spielen zu müssen. Und als wir sinnlos weiterkämpften, geriet ich irgendwann ins Hotel Adlon, direkt am Brandenburger Tor. Dort hörte dann das Kämpfen auf, denn hier wurde ich gefangen genommen.

Russische Gefangenschaft

Das Hotel Adlon befand sich in der Nähe der Reichskanzlei. Von dort waren viele Soldaten herübergekommen, die verkündeten: »Den Führer haben sie erschossen und verbrannt.« Das tat mir furchtbar weh. Sinnloserweise haben wir weitergekämpft, uns gewehrt und die Stellung gehalten, als die Russen versuchten uns aus diesem Hotel herauszudrängen. Es hieß, die Deutschen hätten morgens um sechs Uhr kapituliert, aber wir im Hotel Adlon haben nicht nachgegeben – bis abends um acht Uhr. Dann sind wir geflüchtet. Ich bin über eine Mauer gesprungen und plötzlich waren lauter Russen um mich herum, die sich dort versteckt hatten. Ich bekam einen Schlag auf den Kopf und dachte mal wieder: »Jetzt ist alles vorbei.« Als ich später wach wurde, hatten sie mir alles geklaut: die Stiefel, die Uhr, die Waffe, meinen Stahlhelm – ich lag relativ nackt da. Aber ich war glücklich, denn in dem Moment hatte ich das Gefühl von totaler Freiheit. »Mensch«, dachte ich, »du lebst noch, nach alldem.« Und dann habe ich laut gelacht. Irgendwo begleitete mich auch noch ein Vogel dazu – bis mir jemand in den Hintern trat. Das war der Beginn meiner Gefangenschaft.

Weil wir länger gekämpft hatten als die anderen, wurde ich einer speziellen Truppe zugeteilt und wir sollten als Strafgefangene abgeführt werden. So kamen wir nach Frietzen, einem Ort an der Oder, nicht weit von Berlin entfernt. Dort brachte man uns am 8. Mai, dem Tag der endgültigen Kapitulation, in eine Schule. Sie war voller deutscher Soldaten. Die Russen feierten ihren Sieg und schossen wahllos in die

Schule hinein, dabei sind Hunderte von meinen Kameraden erschossen und getötet worden. Die Überlebenden inklusive mir trieb man bis nach Russland, in ein Straflager in Leningrad. Wieder brach eine harte Zeit an. Wir hatten nicht genug zu Essen, wir mussten arbeiten, wir wurden geschlagen. Aber ich habe in der Gefangenschaft auch Leute getroffen, die aus dem unmittelbaren Umfeld von Hitler kamen. Mit mir in der Gefangenschaft war sein Fahrer, sein Telefonist und sein Begleitkommando. Die haben mir erzählt, dass all das, was in Deutschland geschehen war, von ganz oben befohlen wurde. Einer, der als Bewacher in Auschwitz gewesen war, erzählte mir, wie das dort zuging. Manches wusste ich schon von meinem Vater, obwohl er nie direkt darüber geredet hatte. Aber er ließ es mich zumindest erahnen.

In der Gefangenschaft habe ich spüren können, was wir anderen Menschen angetan haben. Dabei kam in mir ein Schuldgefühl hoch und ich wusste nicht, was ich damit machen sollte. Wohin sollte ich damit gehen? Inzwischen wurde es immer schlimmer in der Gefangenschaft. Ich werde Weihnachten 1945 nie vergessen: an unserem Heiligabend – die Russen feiern Weihnachten ja später als wir – mussten wir auch arbeiten. Wir mussten Leningrad, das wir selbst zerstört hatten, wieder aufbauen mit allem, was dazugehörte: Tote bergen, Schutt wegschleppen, Straßen frei machen und all die anderen Aufgaben. Wir konnten nicht mehr richtig laufen, gingen immer Arm in Arm, vier Soldaten ineinander eingehakt. Wir schleppten uns zu unserem Dienst hin, denn wenn man liegen blieb, wurde das als »Fluchtversuch« betrachtet und man wurde erschossen. Ich weiß noch, als wir auf unsere Gefangenenlager zu marschierten und die

Sonne unterging, konnte es sich einer nicht nehmen lassen zu rufen: »Guck mal, Heiligabend, die Engelchen backen.« Andere schrien dem entgegen: »Halt die Fresse, wir wollen nichts von Weihnachten hören.« Schließlich kamen wir in unser Lager und wurden wie immer am Tor zusammengeschlagen. Wir zogen weiter zu unserer Baracke, in der wir einfach auf dem Holz schliefen; kein Bettzeug, kein Laken oder sonst was, nur die Uniform, die wir auch tagsüber trugen. Die war allerdings nicht dick genug gegen die russische Kälte, weshalb ich mir Stroh und alte Zeitungen unter die Hose und in die Jacke gepackt habe, um nicht zu erfrieren. Von den 36 000 Deutschen, die ursprünglich in unserem Lager eingezogen waren, erfroren oder verhungerten in einem Winter 18 000 Mann. Es war eben wirklich furchtbar, das Lager. Wir bekamen zwei Scheiben Brot, einen Löffel Zucker sowie eine Dose Kartoffelschalensuppe pro Tag. Davon mussten wir leben und so gesättigt und gestärkt sein, dass wir auch in der Lage waren zu arbeiten.

An Heiligabend 1945 lag ich also frierend, erschöpft und hungrig auf meiner Pritsche. Ich hörte, wie die anderen Soldaten jammerten, heulten, an zu Hause dachten – und wie manche starben. Grauenhaft! Auch ich dachte an Zuhause. Dort saßen sie jetzt wohl zusammen: Vater, Mutter und meine Schwester, und aßen Kartoffelsalat und Sülze, meine Lieblingsspeise. Vor meinem geistigen Auge sah ich, wie sie es sich schmecken ließen, während ich selbst nur dalag und nichts hatte. Essen – an nichts anderes konnte man denken als an Essen, wenn man so einen Hunger hatte wie wir in der Gefangenschaft. Plötzlich schwang die Tür der Baracke auf. Wir hatten zwar kein Licht, doch konnte ich zwei Russen erkennen, die mit Taschenlampen vor ihrer Brust hereinkamen und eine große Badewanne voll mit Kartoffeln trugen. Ich dachte: »Wat machen die denn hier?« Sonst kamen die Russen immer nur, um uns zu schlagen. Jetzt aber blieben sie stehen und einer von ihnen wünschte uns: »Frohe Weihnacht!« Dann gingen sie mit ihrer Badewanne und den Kartoffeln bei uns an den Pritschen entlang, in denen wir vierstöckig übereinander lagen. Sie gaben jedem Gefangenen eine Pellkartoffel. Das war das schönste Weihnachtsgeschenk, das ich in meinem ganzen Leben bekommen habe! Ich habe die Kartoffel so fest gehalten, dass ich sie beinahe zerquetscht hätte. Sie war noch warm und hat mich sofort an zu Hause erinnert, wie meine Familie dort Kartoffelsalat aß. Und dann habe ich ganz langsam und genussvoll reingebissen.

Am nächsten Morgen beim Antreten haben wir erfahren, dass wir die Einzigen im Lager waren, die Kartoffeln geschenkt bekommen hatten. Einer schlug vor, dass wir uns, falls wir nach Hause kommen sollten, am zweiten Weihnachtstag 1950 auf dem Kölner Domplatz treffen sollten – jeder mit einer Pellkartoffel in der Hand. Natürlich habe ich mich daran gehalten. 1950 hat mir meine Mutter eine große Pellkartoffel gekocht. Mit der bin ich dann am zweiten Weihnachtstag nach Köln gefahren. Alle glotzten mich komisch an, als ich im Zug saß mit meiner Pellkartoffel in der Hand. Der Mann an der Sperre, die es damals noch am Bahnhof gab, witzelte: »Hör mal, ist noch nicht Karneval; was willst du denn hier mit der Pellkartoffel?« Ich ging auf den Domplatz und wartete auf weitere Leidensgenossen aus Stalingrad, sah aber niemanden mit einer Pellkartoffel. Schließlich hielt ich sie irgendwann hoch, damit jeder sie sehen konnte, aber alle schüttelten nur die Köpfe und niemand erwiderte die Geste. Schließlich ging ich den Dom, aber die Wärter wollten mich rausschmeißen. Eine Pellkartoffel war in ihren Augen eine Verschandelung des Domes. Doch so leicht ließ ich mich nicht abschütteln. Ich wartete, bis keiner mehr auf mich achtete, und bin dann über die Altarbrüstung geklettert. Die Pellkartoffel habe ich auf den Hochaltar gelegt und gesagt: »Danke schön, lieber Gott...« Dann bin ich sofort abgehauen.

Die Gefangenschaft war unglaublich hart. Irgendwann wurden wir untersucht, ob wir tauglich seien für die Bleibergwerke von Workuta. Wir alle wussten, dass das unser Ende wäre. Wer dahin musste, kam nie mehr zurück! Ich hatte aber einen Bekannten, der in Auschwitz Offizier gewesen war. Er arbeitete nun als Helfer in dem Lazarett, das direkt neben dem Gefangenenlager lag. Er kam eines Tages zu uns und informierte uns: »Hört mal, das ganze Lager wird nach Workuta verlegt, ans Eismeer. Das ist unser Ende. Aber drüben im Lazarett, da fangen morgen die Untersuchungen für die Entlassung an, denn die Russen wollen einige Deutsche freilassen. Wir müssen heute Nacht in das Lager rüber, in das Lazarett.« Zu dritt wollten wir seinen Plan ausführen, auch wenn es gefährlich war, denn zwischen dem Lazarett und dem Lager befand sich ein Zaun. Aber es war auf jeden Fall realistischer, dorthin zu gelangen, als auf einem andern Weg aus dem Lager zu entkommen, denn zwischen unserem Lager und der Freiheit hatten sie drei Zäune gespannt. Zusätzlich saßen die Russen draußen an den großen Lagerzäunen in Wachtürmen. An dem Zaun zwischen dem Lazarett und unserem Lager gingen dagegen nur Posten entlang. Also zogen wir drei in der Nacht los. Als die Russen an uns vorbeimarschiert und auf ihrem Rundgang waren, kletterten wir den Zaun hoch. Natürlich haben die Russen das bemerkt. Der Kumpel, der in Auschwitz war, wurde erschossen. Der andere bekam einen Schuss ins Bein und fiel zurück auf den Boden. Ich war der Einzige, der es über den Zaun schaffte, und ich habe mich in der nächstbesten Baracke versteckt. Dort lagen die sterbenden deutschen Soldaten, die meisten von ihnen mit Typhus infiziert; man hörte die Todesschreie und ihr einsames Röcheln. Überall lag Essen herum, das ich mir erst einmal reinstopfte und mich satt aß; das ging ziemlich schnell. Als die Russen reinkamen und nach mir suchten, stellte ich mich tot oder zumindest sterbend. So entdeckten sie mich nicht.

Am nächsten Morgen bei der Entlassungsuntersuchung musste man sich anstellen und nackt ausziehen. Wir hatten ja alle die Haare geschoren, sahen alle gleich aus. Damals waren wir nur noch Haut und Knochen, ich wog nur 42 Kilogramm. Also nahm ich meine Sachen unter den Arm und stellte mich einfach auch an. Vorne auf dem Balkon einer Baracke saß eine russische Ärztin, die uns untersuchte. Sie kniff uns einmal in den Hintern sowie dreimal in die Brust; wenn sie da noch Fleisch fassen konnte, war man noch gesund und wurde weitergeschickt. Ich habe mich insgesamt drei Mal angestellt und drei Mal hat sie mich nicht zur Entlassung geholt.

Beim vierten Mal brach vor mir einer zusammen und die Ärztin gab mir ein Zeichen, ich solle ihn in die Baracke bringen. Mit letzter Kraft schleppte ich den Mann dorthin zu einem russischen Soldaten, der auf einer Liste die Namen der Soldaten aufschrieb, die entlassen werden sollten. Ich stand da mit dem Mann, habe ihn geschüttelt, bis er wieder wach wurde. Der Russe konnte etwas Deutsch und fragte: »Name?« Ich habe ihn noch einmal geschüttelt und nachgefragt: »Wie heißt du?« Er antwortete: »Wenzel«, »Vorname?« »Paul.« »Vatername? Wohnort?«. Der russische Soldat notierte alles. Ich hätte jetzt eigentlich wieder zurückgehen müssen, denn ich war ja nicht zur Entlassung vorgesehen, aber ich blieb einfach dreist stehen. Der Russe schaute mich an, ich schaute den Russen an. Ich weiß nicht, ob er wusste, dass ich eigentlich zurück gemusst hätte, jedenfalls platzte mir irgendwann ein: »Pawelzik« heraus. Er wartete einen Augenblick, schrieb den Namen auf und erhielt bereitwillig von mir die weiteren Auskünfte. »Fritz«, »Hermann« (das war der Name meines Vaters), »Wohnort?«, »Herne«. Damit war alles ausgefüllt und ich wurde noch am selben Abend mit 115 anderen Gefangenen entlassen. Man führte uns mit russischer Bewachung aus dem Lager, doch schon bald waren die Soldaten verschwunden.

Der Entlassungsschein

Auf einer Lok mit Tender fuhren wir schließlich in Richtung Deutschland. Immer wieder mussten wir umsteigen und aussteigen, bis wir endlich nach Polen gelangten. In Polen war die Stimmung sehr gereizt. Man verteilte uns in verschiedene Waggons, doch dann bemerkten die Polen, dass wir Deutsche waren. Jetzt brach ein Massaker los. Eine Gruppe von besoffenen polnischen Soldaten marschierte durch den Zug, schlug die Deutschen tot oder schmiss sie einfach aus dem Zug raus: Das war möglich, weil damals die Züge noch langsamer fuhren. Ich stand allein in einem Abteil, um mich herum nur Polen. Mir war klar: Wenn die jetzt in mein Abteil kommen würden, wäre ich auch dran. Plötzlich winkte mich eine russische Oma zu sich herunter und signalisierte mir, ich solle mich unter dem Sitz verstecken. Es war so ein Holzsitz und ich bin unter ihren Rock geklettert, um mich dort zu verstecken. Das hat mir mein Leben gerettet. Nach einigen weiteren Widrigkeiten erreichten wir Küstrin und überfuhren an dem Punkt die Oder, an dem ich schon als Soldat gekämpft hatte. Dort war eine Behelfsbrücke errichtet worden. Von hier ging es dann weiter nach Berlin. Mit 116 Leuten aus dem Lager waren wir in den Zug gestiegen, mit fünf kamen wir in Berlin an. Der Rest war tot. Ich brachte Paul nach Hause und reiste danach sofort zurück nach Herne.

Dann stand ich plötzlich vor meinem Vater. Ich muss zugeben: Ich habe mich unendlich geschämt und brachte nur eins heraus: »Vater, es tut mir so leid!«

Er legte mir seine Hand auf die Schulter, was damals ein Zeichen von unerhörter Zärtlichkeit war; und sagte zu mir: »Junge, lass mal gut sein!« Das war das Einzige, was mein Vater gesagt hat. Er hat mir keine Vorwürfe gemacht, er hat mir nicht den erhobenen Finger gezeigt. Damals hab ich mir vorgenommen: »Ich schraub meinen Zeigefinger auch ab,

mach keinem Menschen mehr Vorwürfe.« Er hat mir vergeben und vergessen, weil er mich lieb gehabt hat. Heute weiß
ich, dass er damit mein Gottesbild geprägt hat. Ich glaube an
Gott und daran, dass er so ist wie mein Vater, der mich lieb
hat und der mir alles vergibt, selbst das, was ich in Russland
gemacht habe.

Nur ein kleines Buch

Ich war froh, wieder zu Hause in Herne zu sein. Allerdings litten wir in Deutschland alle an Hunger. Es gab nichts zu Essen, dafür aber Lebensmittelkarten. Hinzu kam, dass wir alle in Lumpen gekleidet waren. Ich kam ins Grübeln: »Wat is denn dein Leben noch wert, warum bist du denn überhaupt da durchgekommen?« Und ich tat das, was ich immer in Situationen unternehme, in denen ich Probleme habe: ich kann in solchen Momenten nicht still im Kämmerlein sitzen, ich muss laufen und reden. Also bin ich eine Straße in Herne entlanggegangen, die in Richtung Dortmund führte. Damals war Deutschland in Besatzungszonen aufgeteilt. Russen, Amerikaner, Engländer und nicht zuletzt die Franzosen, jeder hatte sein Stück von Deutschland und man hatte manchmal den Eindruck, dass sie mit uns machen konnten, was sie wollten. Sie konnten uns einsperren, sie konnten uns erschießen, sie hatten eigene Lager für uns. Ich war also mal wieder an einem verregneten und sogar auch verschneiten Novembertag unterwegs, bekleidet nur mit einer alten und kaputten Hose, ohne richtige Schuhe, mit einem aus zwölf Wollsorten zusammengestrickten Pullover. Hinzu kam, dass ich total hungrig war, mich kaputt fühlte und über den Sinn des Lebens sinnierte: »Wat hat dein Leben für einen Sinn?«

Plötzlich hielt ein englischer Lastwagen neben mir. Sofort schoss mir durch den Kopf: »Da musste abhauen, der sperrt dich ein!« Aber der Engländer winkte nur und bedeutete mir scheinbar freundlich, ich soll mich zu ihm in den Lastwagen setzen. Ich wollte immer noch abhauen, aber die Besatzersoldaten hatten grundsätzlich alle Waffen bei sich, weshalb ich zögerte und mir ausmalte: »Wenn du jetzt abhaust, erschießt der dich.« Dann bin ich zu ihm in den Lastwagen gegangen und er fuhr sofort los. Er konnte kein Deutsch, ich konnte kein Englisch, mit der Kommunikation war es also Essig. Wir fuhren in eine englische Kaserne, die früher mal eine deutsche Schraubenfabrik gewesen war. Er hielt mitten auf dem Hof und machte mir durch entsprechende Handzeichen klar, dass ich aussteigen sollte. Ich gehorchte und er tat es mir nach, mit seiner Waffe unterm Arm. Dann zeigte er zu einer Kellertreppe; dort sollte ich runtergehen. Ich kam in einen Keller. Es war ein großer Raum, an dessen Wänden Regale angebracht waren, in denen englische Uniformen einsortiert waren. Ich war mir sicher: »Jetzt legt der dich um.« Er jedoch machte mir deutlich, dass ich mich ausziehen sollte. Ich glotzte ihn an und hatte sofort einen Verdacht: »Der will wat von dir!« Aber er trat an die Regale, holte eine lange Unterhose heraus, die auf Englisch »long John« hieß, und warf sie mir zu. Dadurch wollte er mir wohl deutlich machen: »Zieh dir die an«. Ich drehte mich schamhaft um und streifte mir die Unterhose über. Danach warf er mir ein Unterhemd zu, Socken, ein Hemd und schließlich eine komplette englische Uniform, was ich mir alles hastig anzog. Meine Klamotten lagen einfach so in einer Ecke. Und als er mir dann auch noch einen Mantel reichte, begriff ich überhaupt nichts mehr. Bei der ganzen Prozedur sagte er kein Wort. Ich war in dem Moment wohl der bestangezogenste Mann im Ruhrgebiet. Abschließend griff er in seine eigene Uniformtasche und brachte ein Buch zum Vorschein, ein kleines, braunes Büchlein. Das steckte er mir in die Manteltasche mit dem Kommentar: »Read it! Lies es!« Schließlich brachte er mich wieder rauf zum Kasernentor, wo ich sofort die Beine in die Hand nahm und abhaute.

Auf der Straße staunten alle Leute über mein Aussehen. Sie glotzten mich regelrecht an. Zu Hause fragte meine Mutter sofort: »Wo hast du die Klamotten geklaut?« »Nein, Mutter«, antwortete ich, »hat mir ein Engländer geschenkt.«

Sie erwiderte ungläubig: »Wo hast du dir die organisiert?«, – womit sie auch »klauen« meinte. »Nein, Mutter«, protestierte ich, »der Engländer hat mir das geschenkt!« Ich glaube, das hat sie mir bis an ihr Lebensende nicht abgenommen, aber sie bohrte nicht weiter nach, sondern fragte, typisch Mutter: »Haste denn Danke gesagt?« »Nee«, sagte ich, »hab ich vergessen.«

Jetzt war ich winterfest angezogen und hatte zudem noch dieses Büchlein. Ich dachte mir: »Ja, wenn der dir schon all die Klamotten geschenkt hat, dann musst du auch mal gucken, was da drin steht.« Damals hatte ich mit dem Glauben nichts am Hut, hatte nie irgendeinen Religionsunterricht besucht, bin auch nicht getauft worden. Ich wusste zwar, dass es eine Bibel und so etwas wie Jesus gab, mehr aber auch nicht. Und dann erhielt ich dieses Buch, inspizierte es und las auf dem Einband »New Testament«. Ah ja, Englisch! »New« kannte ich, das bedeutete »neu«. Bei »Testament« dachte ich: »Ah, das schreibt man, ehe man stirbt.« Dieses Neue Testament war ganz schön dick, doch ich habe trotzdem versucht, es zu lesen. Allerdings war es in einem alten Englisch verfasst und viele Wörter waren mir völlig unbekannt. Das schreckte mich aber nicht ab und ich fing an, das Matthäus-Evangelium zu lesen. Das erste Kapitel war nicht gerade spannend – ein Geschlechtsregister, die Auflistung der ganzen Vorfahren von Jesus. Ich fühlte mich ein wenig auf den Arm genommen, doch je weiter ich kam, desto mehr merkte ich, dass das ein sehr frommes Buch war.

In unserer Klasse gab es auch einen, der fromm war, das war Karl. Im Winter hatte er durchweg eine rote Nase, weshalb wir ihn Schnapsi nannten. Er war aber auch der einzige Fromme in unserer Klasse in der Grundschule. Zu ihm bin ich gegangen, denn ich zählte eins und eins zusammen und kombinierte, dass ein frommer Mensch mit einem frommen Buch bestimmt viel anfangen konnte. Also sprach ich ihn nach der Schule an: »Hör mal, Karl, du bist doch religiös begabt…«

Da hat er glatt einen Lachanfall bekommen, was mich aber nicht weiter irritierte: »Ich hab hier ein Buch gekriegt, ich komm damit nicht klar, das ist was Frommes.« Er schmunzelte: »Du bist der größte Idiot, den es im Ruhrgebiet gibt, das kannst du auf Deutsch lesen, das ist die Bibel!« Und dann hat Karl mit mir angefangen, die Bibel zu lesen. Aber er war nicht unbedingt der größte Pädagoge und Theologe aller Zeiten und konnte mir die Geschichten nicht wirklich erklären. Zum Beispiel die Geschichte, als Jesus übers Meer ging. Ich meinte dazu nur: »Karl, das geht doch nicht, kannst doch nicht übers Wasser gehen!« Er erklärte dann: »Das musste glauben!« Jedes Mal fing er an, von einem anderen Wunder zu erzählen, und mir fiel dieses »Glauben« total schwer. Alles, was er dazu sagen konnte, war aber: »Musste glauben.« Irgendwie kamen wir zusammen nicht mehr weiter und Karl gab mir einen Tipp: »Pass mal auf Fritz! Da unten in Herne, da gibt es einen CVJM und die machen Bibelstunde, die lesen die Bibel; komm mit!« Zuerst wollte ich nicht, aber er hat so lange auf mich eingeredet, bis ich dann doch zugestimmt habe.

Wir sind dann zusammen hingegangen, aber auf den ersten Blick hat es mir gar nicht gefallen. Das war wirklich ein frommer Verein; das Haus war vergammelt, an den Wänden standen Bibelsprüche und alle dort sahen auch so richtig fromm aus. Damals konnte man noch die Frommen von den Nicht-Frommen am Aussehen unterscheiden: die Frauen hatten alle Zöpfe und Knoten in ihren Haaren, die Männer hatten einen Popo-Scheitel und die Nicht-Frommen sahen eben anders aus. Wir beide fielen auf, weil wir wie die Nicht-Frommen daherkamen. An der Bibelstunde nahmen ungefähr hundert Leute teil. Ich hatte ja keine Ahnung, was passieren würde, und schaute mir alles neugierig an. Zuerst wollten sie ein Lied singen. Karl hat mir die entsprechende Seite in der Bibel aufgeschlagen, das Lied hieß: »Mitten wir im Leben sind, von dem Tod umfangen«. »Nee«, sagte ich sofort, »da wirste nie im Leben wieder hierher kommen!«

Doch dann stand da einer vorne, den nannten alle »Superus«. Ich dachte erst, dass das sein richtiger Name wäre, das stimmte aber gar nicht. Er steckte in einem schwarzen Anzug und redete sehr salbungsvoll: »Wir wollen heute mal die Bibel lesen, Johannes-Evangelium, Kapitel 8.« Da ich ja immer noch wenig Ahnung hatte, schlug Karl wieder für mich die Bibel auf und wir widmeten uns der Geschichte von einer Sünderin. Jesus betete damals im Tempel, als ein paar Männer eine Prostituierte erwischten. Den Freier hatten sie laufen gelassen, die Frau aber nahmen sie mit und stellten sie vor Jesus: »Die haben wir beim Ehebruch erwischt. Moses sagt: Die muss gesteinigt werden, was sagst du?« Jesus hätte jetzt antworten können: »Ja, ja, steinigt sie!«, doch dann hätten die Leute bestimmt Folgendes gesagt: »Was ist das für ein brutaler Kerl! Seit Hunderten von Jahren gibt's diese Bordelle da beim Tempel und keine Frau wird verurteilt.« Hätte Jesus aber erwidert: »Sie ist nicht schuld, lasst sie laufen!«, hätten die Schriftgelehrten entgegnet: »Ja, guck mal, und der nennt sich Sohn Gottes!? Dabei richtet er sich noch nicht mal nach den Geboten.« Schließlich bedrängten sie Jesus zu einer Antwort: »Was sagst du?« Doch Jesus beugte sich nur nieder und kritzelte etwas auf den Boden – und der Superus wurde an dieser Stelle richtig feierlich mit seiner Stimme. Dann richtete sich Jesus plötzlich auf und sagte: »Wer von euch ohne Schuld ist, der werfe den ersten Stein!« Da sind sie alle abgehauen, die gesamte Pharisäerschaft. Jesus sah die Frau alleine da stehen und fragte sie: »Ist da keiner, der dich verurteilt?« »Nee«, antwortete die Frau, »keiner!« Darauf sagte er: »Dann verurteile ich dich auch nicht. Geh, tu es nicht mehr wieder!«

Ich hab mir die Geschichte angehört und war hin und weg davon. Total sprachlos. Doch dieser Superus redete weiter: »Man kann das nur verstehen, wenn man weiß, was Jesus dazu gesagt hat: ›Wen der Sohn frei macht, den macht er recht frei.‹ Wen Gott frei macht, den macht der richtig frei! Jesus macht uns dadurch frei, dass er für uns gestorben ist.« Ich musste mich unweigerlich melden, denn Freiheit war ja das Lieblingswort meines Vaters. Also erkundigte ich mich: »Superus, was ist Freiheit?«

Da hat der ganze Saal gelacht, denn Superus war nur die Abkürzung für Superintendent, was ich aber nicht wusste. Er ließ sich dadurch aber nicht aus der Ruhe bringen und sprach zu mir: »Wenn du fragst ›Was ist Freiheit?‹, bekommst du tausend Antworten; du musst fragen: ›Wozu werde ich frei?‹« »Ja, wozu werde ich frei?«, wiederholte ich.

Er führte weiter aus: »Ein freier Mensch, das ist einer, der andere Menschen liebt. Der Gott liebt und den Nächsten wie sich selbst. Das ist ein freier Mensch!« »Ja, aber«, bemerkte ich, »ich kann nicht mehr befreit werden! Ich hab soviel Scheiße im Krieg gemacht, ich hab Menschen getötet, nicht nur einen.«

Der Superus blieb ruhig und fragte mich nach meinem Namen: »Pass mal auf: Wie heißt du?« »Fritz«, antwortete ich. »Pass mal auf, Fritz: Ich mach jetzt mal die Bibelstunde schnell zu Ende und dann gehen wir Seelenkisten schieben.« So nannte er die Seelsorge. Er beendete die Bibelstunde zwei Minuten später, ließ seine Leute danach sitzen und ist mit mir durch Herne marschiert. Ich hab ihm alles erzählt, was ich im Krieg angestellt habe, und er hat einfach nur zugehört. Zum Schluss hab ich dann gesagt: »Hör mal, Superus«, das war an der Ecke Schäferstraße – Schulstraße, mitten in der Nacht. »Hör mal, Superus, ich hab dir alles erzählt; das kann mir doch keiner vergeben.« »Doch, Fritz«, entgegnete er, »einer ist für dich an das Kreuz gegangen und sein Blut wäscht deine Sünde schneeweiß.« Ich habe ihn ungläubig angeschaut und das alles in dem Moment noch nicht so richtig kapiert. Aber dieser Abend und diese Botschaft haben mein Leben verändert. Seitdem versuche ich, die Botschaft der Freiheit anderen Menschen weiterzugeben.

Scharenweise Jungs und immer Jesus

Einige Zeit später habe ich dann mein Abitur gemacht. Eigentlich wollte ich Soziologie studieren, doch schon bald wurde mir klar, dass das nichts für mich war. Ich wollte was anderes machen. Mir schwebte vor, jungen Leuten zu helfen, damit sie nicht den gleichen Mist bauen, den ich seinerzeit verzapft habe. Im CVJM haben sie auf mich eingeredet, dass ich mich dort engagieren soll, gerade bei diesem Ziel, mit jungen Menschen zu arbeiten. Sie waren überzeugend, weshalb ich mich zum Jungscharleiter wählen ließ. Denn oben in unserem Vorort, der ja nicht christlich eingestellt war, gingen sonntags in den Betsaal nicht mehr als drei oder vier Omas, sonst niemand. Und obwohl ich gar nicht getauft war, trauten sie mir das zu: »Mach mal Jungschar!« »Ja«, wunderte ich mich, »wie denn?« »Du musst mit denen spielen. Die kennen dich doch, du bist doch Fußballspieler, da kommen se alle an. Dann musst du denen ne spannende Geschichte erzählen oder Lieder singen.« Ich hatte meine Bedenken: »Ich kann nicht gut singen, nur laut.« »Ja, ist genau richtig! Und dann musst du ne Andacht halten.« Wieder hatte ich einen Einwand: »Ich hab da überhaupt keine Ahnung von Andacht!« Aber sie haben so lange auf mich eingeredet – vor allem der Superus –, dass ich zustimmte und eben Jungscharleiter wurde. Verblüffenderweise hat das bestens geklappt. Ich habe mit den Jugendlichen Fußball gespielt, weil ich ja selbst aktiv war. Sie kamen zu Dutzenden zu unserem improvisierten Training angelaufen. Neben dem Fußballspielen habe ich denen spannende Geschichten erzählt und immer, wenn es besonders spannend wurde, habe ich aufgehört und sie vertröstet: »Nächsten Mittwoch weiter!« Manche haben bei meiner Mutter nachgebohrt: »Frau Pawelzik, wie geht die Geschichte denn weiter?« Aber sie wusste das natürlich nicht – ich wusste es selbst ja meistens nicht, denn ich habe oft dann aufgehört, wenn ich selbst nicht mehr weiter wusste.

Plötzlich hatte ich also einen Haufen Jungs, mit denen ich spielte, denen ich Geschichten erzählte und denen ich auch meine erste Andacht hielt. Nur gut, dass da keiner richtig zugehört hat! Die Jungs hatte es eh nicht so interessiert und vom CVJM war niemand da. Weil ich überhaupt keine Ahnung von der Bibel hatte und noch ganz neu bei dem Verein war, habe ich wohl einige seltsame Dinge erzählt. Aber eins hab ich nicht vergessen: Jesus kam immer in der Andacht vor. Es lief also irgendwie ganz gut, bis der Leiter des CVJM ankam und mich fragte: »Betest du denn auch, mit den Jungs?« »Nee«, musste ich zugeben, »ich bete abends nur, wenn ich im Bett liege.« »Nee«, sagte er wiederum, »musst richtig beten.« Aber das traute ich mich nicht. Immerhin gab es einen Jungen, von dem ich wusste, dass er aus einer frommen Familie kam, der Paule Luckenbach. Ich fragte ihn: »Paule, kannste beten?« »Ja.« »Dann pass mal auf: Wenn ich zu Ende … wenn ich ›Amen‹ sage, fängste an zu beten.« »Jau«, sagte er, »mach ich.« Und so kam es dann auch. Ich war zu Ende mit meiner »super« Andacht, sagte »Amen« und der Paule stellte sich auf einen Stuhl und schrie: »Wir beten, Augen zu!« Alle hatten augenblicklich die Augen geschlossen. »Kopp runter!« Alle senkten sofort ihre Köpfe. »Hände falten!« Auch diesem Befehl folgten die Jungs unmittelbar. Und dann hat Paule gebetet. Er betete derart, dass er dadurch von diesem Moment an mein eigenes Beten bestimmte. Denn er hat Folgendes von sich gegeben: »Lieber Gott, mach mich fromm, dass ich in den Himmel komm. Und die Jungschar und der Fritz auch. Amen.« Ein herrliches Gebet! Als er zur Feier meines 80. Geburtstags kam, nahm ich ihn beiseite und gestand ihm: »Paule, von dir habe ich beten gelernt.«

Somit war ich Jungscharleiter der Jungschar Konstantin – mit allem, was dazugehört, auch dem Beten.

Mein nächster Plan war es, Bergmann zu werden. Meine Mutter war zwar entsetzt und meinte: »Bergmann, wie der Vater? Da kriegste Steinstaublunge. Ein elender Beruf. Du hast doch Abitur. Jetzt biste in dem komischen frommen Verein da gelandet. Ich versteh dich nicht.« Aber ich hatte eine Art Berufung. Ich wollte Bergmann werden, weil ich den Kumpels, um die sich sonst keiner kümmerte, die Botschaft von Jesus mitteilen wollte. Ich zog auch in ein Wohnheim ein, das wurde »Bullenkloster« genannt, und habe dann dort unter Tage gearbeitet als einer von ihnen. Ich gehörte zu ihnen und habe außerdem versucht, meinen Glauben zu leben. Zum Glück war mein Vater ein sehr toleranter Mann. Sein Kommentar dazu war: »Ich versteh dich nich Jung, dat de fromm wirst. Aber wenn de denkst, dat is für dich richtig, dann werd mal fromm.« Und dann sollte meine Mutter zumindest teilweise recht behalten, denn bei meinem Vater wurde eine Steinstaublunge diagnostiziert. Bei dieser furchtbaren Bergmannskrankheit setzt sich der Steinstaub in der Lunge fest. Irgendwann bleibt die Luft weg und man erstickt. Damals wurden die Bergleute im Durchschnitt vierzig bis fünfzig Jahre alt und sind dann erbärmlich an Atemnot gestorben. Diese Symptome hatte nun auch mein Vater. Er musste Sauerstoff durch eine Maske einnehmen und lag den ganzen Tag auf dem Sofa herum.

Ich hatte mir derweil ein Motorrad gekauft, denn als Bergleute haben wir gutes Geld verdient. Als ich mit der Maschine, einer BMW, nach Hause kam, wünschte sich mein Vater: »Junge, ich möchte auch ma mitfahrn.« Er hat sich dann hinten auf mein Motorrad gesetzt, legte seine kleine tragbare Sauerstoffflasche auf die Beine, und dann fuhren wir mit Mundschutz vor dem Mund mit dem Motorrad durch die Gegend. Unterwegs haben wir unser Lieblingslied »Die Gedanken sind frei!« gesungen und das auch so durch den Fahrtwind gespürt.

Der Vorschlag des Superus

Damals wusste ich aber immer noch nicht so genau, was ich überhaupt machen sollte. Ich ging in die Bergarbeiterheime und verteilte da große Vorträge, habe viel mit den Kumpels geredet, sie auch ein bisschen missioniert. Aber dann merkte ich, dass die das gar nicht so arg brauchten. Sie brauchten eher jemand, dem sie sich anvertrauen konnten, der ihnen zuhörte. Also habe ich als Nächstes Zuhören gelernt.

Eines Tages kam dann noch die Liebe ins Spiel. Ich verliebte mich Hals über Kopf in Anja und sie sich auch in mich, obwohl sie schon einmal verlobt war. Wir waren beide so richtig ineinander verknallt. Bis sie eines Tages zu mir kam und mir eröffnete: »Ich möchte dich heiraten.« »Ja, aber ...«, stammelte ich, »ich hab doch überhaupt nix. Ich hab noch keinen Beruf, und ich möchte noch warten.« Sie bohrte aber weiter: »Ich hab schon den Brief an meinen ehemaligen Verlobten bei mir. Der hat gesagt, dass er mich doch heiraten möchte. Aber ich geb dir den Vorzug. Du musst dich aber jetzt entscheiden. Willste mich oder nicht?« »Ja«, zögerte ich, »ich kann nicht.« Da zog sie den Brief mit der Zusage an ihren Verlobten unter ihrem Pullover hervor und schmiss ihn in den nächsten Briefkasten. Damit war unsere Freundschaft urplötzlich zu Ende und das Kapitel Liebe erst einmal abgehakt.

Irgendwann sprachen mich der Superintendent und einige andere Leute im Herner CVJM an und legten mir nahe, noch eine Ausbildung zu machen: »Du musst irgendwas machen, ne Ausbildung. Da gibt's in Kassel eine Schule, an der man studieren kann und hinterher ist man CVJM-Sekretär.« Da ich zu allem bereit war, was mich in meiner Arbeit unterstützen konnte, zog ich, ohne lange darüber nachzudenken, nach Kassel. Eigentlich war das gar keine richtige Schule, denn jeder konnte vor allem das lernen, was er wollte und was ihn auch interessierte. Nebenbei lernte ich dort tolle Kumpels kennen, die wie ich auch im Krieg gewesen waren und da ihre Erlebnisse gemacht haben. Besonders erinnere ich mich an zwei tolle Lehrer, den Kuno und den Fritz Pfeil, ein Theologe und ein Journalist. Diese Begegnungen, die tollen Gespräche, das voneinander Lernen – Kassel war eine herrliche Zeit.

Wie so oft in meinem Leben geschah auch in Kassel etwas, das meine weitere Zukunft in eine bestimmte Richtung lenkte. Denn eines Tages erschien ein italienischer Pastor. Keiner wusste genau, was er eigentlich bei uns wollte – bis er auf mich zukam. Der Pastor hatte mich beim Fußballspielen beobachtet und mir danach angeboten: »Willst du nicht in diesem Sommer ein Jugendlager am Lago Maggiore machen?« Ich habe sofort zugesagt und bin an den Lago Maggiore gefahren – obwohl ich kein Wort Italienisch konnte. Und die 80 italienischen Kinder konnten kein Deutsch. Aber es ging trotzdem gut, wir haben uns eben mit Händen und Füßen verständigt.

Zudem habe ich ziemlich schnell Italienisch gelernt, vor allem deshalb, weil die Köchin Signora Angela mir gedroht hatte: »Du kriegst nur das zu essen, was du auch auf Italienisch sagen kannst.« Ein sehr guter Ansporn, die Sprache zu lernen. Außerdem hatte Signora Angela eine Tochter mit Namen Lucia, und in die habe ich mich verknallt. Da lernst du noch eine Spur schneller Italienisch. Aber Angela zog mich immer auf: »Nee, nee, die kriegst du nicht. Die kommt nicht zum Nordpol hoch.« »Ja«, verteidigte ich mich, »ich wohn doch nicht am Nordpol. Ich wohn doch in Deutschland.« »Das ist doch fast am Nordpol.« »Ja«, motzte ich, »dann bleib ich in Italien.« Darauf sie: »Du kriegst doch keine Arbeit hier.« Das dachte sie. Doch nach dem Jugendlager wurde ich gefragt, ob ich nicht gerne ein Jahr in Italien bleiben würde. Weil nichts dagegen sprach, blieb ich ein Jahr in Rom und studierte Philosophie bei Benedetto Coche. Doch auch diese wunderbare Zeit ging leider zu Ende. Ebenso mein Techtelmechtel mit Lucia …

Sommer am Lago Maggiore

Wieder zurück in Deutschland besuchte ich erneut meine alte Schule in Kassel. Irgendwie wollte ich doch noch weitermachen, auch wenn das endgültige Ziel immer noch auf sich warten ließ. Eines Tages fuhr die ganze Schule auf einem Lastwagen nach Essen zu einem großen Jugendtreffen. Der berühmte Johannes Busch sollte dort eine Predigt halten. Ich bekam leider keinen Sitzplatz mehr, so voll war die Bude. So stand ich an der Wand und hörte zu, wie und was er redete. Doch das, was ich da hörte, gefiel mir gar nicht. Es war meiner Meinung nach eine ganz erbärmliche Predigt. Das habe ich ihm dann auch hinterher in einem Brief geschrieben. Es gab sogar recht schnell eine Antwort, doch wurde die nicht an mich, sondern an die Schule in Kassel geschickt. Johannes Busch schrieb, dass mein Verhalten unmöglich gewesen wäre. Er würde sich dafür einsetzen, dass ich die Schule sofort verlassen müsste. Das gab natürlich einen großen Aufruhr. Der Direktor, die Lehrer, ja sogar manche Schüler kamen auf mich zu und bearbeiteten mich. Sie wollten, dass ich mich bei Pastor Busch entschuldige. »Nee«, entgegnete ich, »ich entschuldige mich nicht.« Am Tag, als über meinen Verbleib an der Schule entschieden werden sollte, erschien Pastor Busch persönlich. Er kam zur Tür herein, als wir zwölf Schüler gerade beim Essen saßen. Der Pastor ging um den Tisch und begrüßte jeden Einzelnen. Dann stand er vor mir und stellte sich vor: »Busch.« Ich tat es ihm gleich und nannte meinen Namen: »Pawelzik.« Wir starrten uns beide gegenseitig an und ich fühlte mich ein bisschen an den Russen erinnert, der in Berlin mit seiner Maschinenpistole vor mir gestanden hatte. Nach einer Weile brach er das Schweigen: »Ich möchte noch mal mit Ihnen sprechen. Direkt nach dem Essen. Gegenüber ist ein Café, da können wir einen Kaffee trinken oder ein Bier, wenn Sie wollen. Ich warte da auf Sie.« Nach dem Essen begab ich mich rüber ins »Hubertus« und wir saßen uns dann gegenüber. Ich dachte: Jetzt platzt noch mal eine Bombe. Das geschah auch, nur anders, als ich erwartet hatte. Denn dieser berühmte Mann sagte plötzlich zu mir: »Herr Pawelzik, Sie haben mit Ihrem Brief recht gehabt. Ich hatte mich für diese Predigt überhaupt nicht vorbereitet. Tut mir so leid, dass ich das alles veranstaltet habe.« Ich konnte das überhaupt nicht glauben. Und es kam noch dicker, denn er fragte mich: »Ich habe gehört, Sie machen was mit Bergleuten. Ich bin auch der Jugendpfarrer von Westfalen. Wollen sie nicht von uns angestellt werden und Bergmannsmissionar machen?« »Jo«, konnte ich da nur erwidern. All das geschah innerhalb von fünf Minuten, das war ein Ding. Und so wurde ich dann ein Bergmannsmissionar.

Fesch, fromm, Fritz

Allerdings hatte ich eine Bedingung: »Wenn ich das mache, dann will ich auch wie ein Bergmann arbeiten, unter Tage. Und dann will ich in so einem Heim wohnen.« Das fand Zustimmung. Also ging ich zum Chef des Bergwerks und erzählte ihm alles. Ich kannte ihn ja nicht, dafür hörte er mir gut zu – erst ziemlich ungläubig, dann aber hocherfreut: »Ja, bin dafür. Sie können in dem Heim umsonst wohnen, Sie können unter Tage anfangen, und wenn Sie mal frei brauchen für irgendwelche anderen Aktivitäten, können Sie das machen. Das kriegen Sie nicht bezahlt, aber ich freu mich, dass Sie kommen und den Menschen etwas vom Glauben erzählen.«

Ich habe sogleich wieder angefangen, unter Tage zu arbeiten. Ich wohnte mit den anderen Bergleuten im Heim und ich wurde richtig Freund mit den Kumpels. Natürlich war das nicht ganz ungefährlich. Ich wollte ja durch und durch Bergmann sein, und die Bergleute haben nicht nur hart geschuftet, sondern auch ordentlich gezecht und hier und da ein bisschen zu viel getrunken. Meine Mutter war wieder entsetzt und fing an wie früher: »Warum haste denn Abitur gemacht, wenn de dann jetzt in so nem Heim hängst? Dat wird doch alles nix.« Aber ich habe mich wohlgefühlt.

Mein christlicher Verein junger Motorradfahrer

Wie kann ich am besten an die Bergleute rankommen und sie für meine Botschaft offen machen und gewinnen? Diese Frage hat mich ständig beschäftigt. Da wir alle damals sehr gut verdienten, hatte ich mir ja schon ein Motorrad gekauft. Also schlug ich den andern Kumpels vor: »Mensch, kauft euch doch auch en Motorrad. Versauft doch nicht all euer Geld.« Um diesem Vorschlag Nachdruck zu verleihen, gründete ich einen neuen Verein, den »Christlichen Verein junger Motorradfahrer«. So etwas gab es wahrscheinlich bis dahin noch nirgendwo auf der Welt. Die Kumpels machten mit und so sind wir dann mit dem Motorrad kreuz und quer durch Deutschland und Europa gefahren. Das waren wunderschöne Erlebnisse mit den Kumpels.

Im Jahr 1955 planten wir mal eine Tour nach Italien. Mit insgesamt 39 Motorradfahrern brachen wir im Ruhrgebiet auf und fuhren bis nach Rom. Unterwegs haben sich die Leute natürlich immer gefreut, wenn wir da mit 39 Maschinen durch die Dörfer donnerten. Die Tour war wunderschön. In Rom angekommen, habe ich den Kumpels die Stadt gezeigt, die Museen, die Altertümer, meine alten Plätze. Außerdem gab es jeden Morgen eine kleine Bibelarbeit – auch wenn meine Kumpels das besonders anstrengend fanden. Doch ob sie wollten oder nicht – die Bibelarbeit gehörte dazu. »Mit dem Pawelzik kann man nicht reden, da muss man einfach gehorchen.«

Die Stadt der Liebe

Als sich die Reise ihrem Ende zu neigte, beschloss ich, noch ein bisschen länger zu bleiben. Die Kumpels schickte ich zurück mit den Worten: »Fahrt mal ab, ihr findet ja den Weg zurück. Sagt zu Hause Bescheid, dass ich später komme.« Ich blieb in Rom, obwohl ich nicht so recht wusste, warum eigentlich. Am nächsten Morgen – es war der 16. August, das werde ich nie vergessen – fuhr ich mit dem Motorrad von dem Campingplatz, auf dem wir uns niedergelassen hatten, in die Stadt hinein. Wenn man nach Rom reinfährt, kommt man unweigerlich zum Vatikan, da kann man gar nichts dagegen machen. Alle Wege führen nach Rom und in Rom dann alle Wege zum Vatikan, ein ganz schön ausgeklügeltes System. Ich stellte mein Motorrad ab und wollte mir noch einmal das Vatikanmuseum ansehen, denn ich schätze dieses Museum sehr. Ganz langsam schlenderte ich an den Bildern und Statuen vorbei, bis ich gegen Mittag in der obersten Etage ankam. Dort war es kühler und es wehte eine leichte Prise.

Ich betrat die Stanzen des Raffael, jene Räume, in denen Raffael die Wände bemalt hatte. Da sonst niemand im Raum war, setzte ich mich in einen wunderschönen, bequemen Stuhl, der dort herumstand. Anscheinend war ich ein bisschen eingeduselt, als auf einmal eine junge Frau den Raum betrat – blond, mit kurzen Haaren, bekleidet mit einer blauen Bluse ohne Ärmel und einem langen bunten Rock, der bis unter das Knie ging, und weißen Sandalen mit roten Pünktchen auf den Zehen. In der Hand hielt sie einen Reiseführer, in dem sie wild umherblätterte. Dadurch merkte ich, dass sie sich wohl verlaufen hatte. Ich bemerkte auch, dass ich sie unentwegt anschaute. Nur wenn sie in meine Richtung blickte, was häufiger vorkam, schaute ich schnell in eine andere Richtung, begutachtete ein Bild und tat so, als ob ich mich da ganz hinein vertieft hätte. Sobald ich jedoch aus meinem linken Augenwinkel erspähte, dass sie wieder in ihrem Buch blätterte, ruhte mein Blick sofort wieder auf ihr. Sie war unbeschreiblich schön. In meinem Kopf suchte ich nach der geeigneten Ansprache. Und überhaupt: in welcher Sprache sollte ich sie ansprechen? Eine Italienerin war sie nicht, dafür war sie zu blond. Aber eine Deutsche schien sie auch nicht zu sein, denn ihre Nase war klein und zierlich. Die Backenknochen waren auch ein bisschen höher. Während ich also noch grübelte, fragt sie mich plötzlich: »Do you speak english?« Ich konnte damals kaum Englisch, bin aber wie von der Tarantel gestochen sofort hochgesprungen, mit einem freudigen »Yes!« auf den Lippen.

Karin, meine bildhübsche Finnin

Ihre nächste Frage war: »Entschuldigen Sie, was ist das für ein Bild?« Das war kein Problem, denn neben dem Bild hing ein Etikett, auf dem stand: »Scola di Athena di Rafaelo Santi«. Das habe ich ihr dann ins Englische übersetzt: »School of Athens by Raphael«. Schnell schob ich in meinem gebrochenen Englisch noch eine weitere Erklärung nach über Platon, Aristoteles und Diogenes, die auf dem Bild zu sehen waren. Ich war froh, dass mich das in der Schule interessiert hatte und ich es mir behalten konnte. »Ja«, kommentierte sie, »die Philosophen. Als ich irgendwann nicht mehr weiter wusste, habe ich gesagt: »Sieh mal, das ist ein starkes Blau!« Eigentlich konnte meine unbekannte Blonde alles selbst sehen, aber anscheinend war sie sehr imponiert von dem, was ich ihr da erzählte. »Bist du ein Künstler?«, fragt sie mich. »Nee«, sag ich, »ich bin Bergmann.« Da hat sie mich vielleicht angestaunt. Ihre nächste Frage war: »Wo kommst du denn her, was ist deine Heimat?« Ich antwortete ehrlich: »Ich bin Deutscher.« Diese Antwort gefiel ihr nicht so. Deshalb schob ich gleich eine Frage meinerseits hinterher: »Woher kommst du denn?« »Ich komme aus Finnland und ich studiere Medizin.« »Oho«, dachte ich und schwenkte die Unterhaltung wieder zurück auf das Bild und das Museum an sich: »Hast du das Museum denn schon gesehen, die andern Sachen? Vor allen Dingen die Sixtinische Kapelle?« »Nein«, sagt sie, »ich hab mich verlaufen. Ich bin hier mit einer Studentengruppe gewesen in Viareggio. Da sollten wir Italienisch lernen, aber wir sind nur bis ›amore‹ gekommen. Und jetzt sind wir in Rom. Gleich geht unser Zug und ich wollte mir noch mal Rom angucken, aber da sind dauernd Motorradfahrer hinter mir her gewesen, die haben immer ›amore bionda‹ gerufen. Deshalb bin ich hier in das Museum rein, aber ich weiß gar nicht, wo ich bin.« »Du musst unbedingt die Sixtinische Kapelle sehen«, war alles, was mir dazu einfiel. »Da werden die Päpste gekrönt und die Gemälde hat Michelangelo gemalt. Wunderschön.«

»Aber mein Zug, der geht um zwölf. Und ich hab nur einen Sammelfahrschein. Wenn ich den Zug nicht kriege, dann komme ich nicht weg.« »Das ist kein Problem, ich habe ein Motorrad. In Rom kenn ich mich aus, auch die Schleichwege. Ich bring dich pünktlich zum Zug.«

Sie beruhigte sich tatsächlich und wir gingen in die Sixtinische Kapelle. Auch hier waren keine Touristen außer uns. Wir haben uns dort auf die Kirchenbänke gelegt, auf denen sonst die Kardinäle bei der Papstwahl sitzen, und die Gemälde betrachtet. An der Wand hatte Michelangelo das »Jüngste Gericht« verewigt. Das passte nicht so gut zu meiner Situation. Aber oben an der Decke, da hatte Michelangelo die Schöpfungsgeschichte dargestellt. Vier Jahre hatte er dabei auf dem Rücken auf einem Gerüst gelegen und so die Decke bemalt. Neben dem Rücken hat er sich auch die Augen kaputt gemacht. Trotzdem oder gerade deswegen ist die Schöpfungsgeschichte da oben einfach nur herrlich. Die Farben sind noch so wie am ersten Tag. Ich erklärte ihr wieder alles, was da oben zu sehen war, obwohl sie ja Augen im Kopf hatte und es selbst sehen konnte. Aber bei dem Bild geriet ich immer ins Schwärmen. Es zeigte unter anderem, wie Gott Adam erschuf. Gott schwebte über die eben erst entstandene Welt. Man spürte förmlich, dass die neu war, dass sie frisch war. Und er wurde als so ein richtig starker Kerl mit Muskeln dargestellt. Gott war also ein muskulöser Mann und flog auf einen Lehmklumpen zu. Aus diesem Lehmklumpen wuchs Adam, indem Gott seinen Arm ausstreckte mit seinem besonders langen Zeigefinger. Man konnte es fast spüren, wie der Geist Gottes durch diese Hand über den Finger in diesen Mann eindrang und aus Lehm ein lebendiges Wesen kreierte. Ungefähr so habe ich ihr das erklärt, alles in meinem gebrochenen Englisch. Aber das eigentlich tolle an dem Bild war ja – was ich ihr natürlich auch sofort erklären musste –: während Gott Adam schuf, hatte er Eva, seine zukünftige Frau, schon im Arm. Vorbestimmt für ihn. Das habe ich ihr geschlagene vier Mal hintereinander gesagt. Damit wollte ich irgendetwas Bestimmtes ausdrücken, aber in dem Moment war mir nicht bewusst, was das genau war. »Ja, ja«, sagte sie immer, »ich weiß, aber wir müssen jetzt zum Bahnhof, sonst ist der Zug weg.«

Wir brachen also irgendwann auf und ich brachte sie zum Bahnhof, aber der Zug war bereits weg. Der Bahnbeamte an der Sperre, an der man die Fahrkarte vorzeigen musste, ließ uns einfach nicht durch. Er behauptete zu Recht: »Diese Fahrkarte gilt nur mit Sammelfahrschein. Der Zug ist weg.« »Ja«, beschwichtigte ich, »lass sie doch trotzdem rein.« »Wenn ich sie reinlasse, dann wird sie schon in der nächsten Station wieder rausgeworfen. Sie kann diese Fahrkarte nicht mehr benutzen. Sie muss eine neue kaufen.« Und die kostete viel Geld. So viel Geld hatte weder sie noch ich. Jetzt stand sie da, vor dem Bahnhof von Rom, und kam nicht weg. Wegen mir. Natürlich war ihre Laune ganz unten. Deshalb versuchte ich, sie aufzumuntern: »Pass mal auf, ich lass dich nicht im Stich. Wir überlegen mal, wie wir das weiter machen. Und während wir überlegen, wie du nach Helsinki kommst, zeige ich dir Rom.«

Sie war einverstanden, was blieb ihr auch anderes übrig? Wir sind dann mit meinem Motorrad durch Rom gefahren und ich habe ihr alles gezeigt. Als es dunkel wurde, hatten wir noch nicht ein Wort über ihre Rückreise verloren. Mittlerweile waren wir am Tiber in Trastevere angelangt. Tagsüber war der Tiber ja ein Drecksfluss, aber nachts schimmerte er wunderschön. Die Sterne spiegelten sich in ihm wieder. Irgendwo hörte man einen Italiener singen und natürlich sang er von der Liebe. Wir saßen auf der Brüstung am Tiber, die noch aus der Römerzeit erhalten war. Große Ringe waren dort angebracht, an denen die Schiffe festmachen konnten. Auf einmal fing die Finnin an, ein Lied zu summen, ein schönes Lied, und dabei hat sie die großen Ringe im Takt gegen die Steine prallen lassen. Das hörte sich wunderschön an. Ich schaute sie von der Seite an. Manchmal bin ich ein ganz schön naiver Mensch, denn ich habe tatsächlich gedacht: »Die hat dir der liebe Gott geschenkt.« Mir entfuhr ein romantisches: »I love you«, worauf sie anfing zu weinen. Ich konnte das nachvollziehen: Ein wildfremder Mann sagte mitten in Rom »I love you« zu ihr. Doch ich setzte noch eins drauf, denn im nächsten Augenblick dachte ich und sagte ich fast zeitgleich: »I want to marry you. – Ich möchte dich heiraten.« Da meinte sie zu Recht: »Du kennst ja noch nicht mal meinen Vornamen. Und wir kennen uns erst seit sechs Stunden.« »Ja, aber«, stotterte ich, »ich, ich, ich möchte dich heiraten.«

Sie erwiderte nur knapp: »Ich habe ein anderes Problem.« Verwundert fragt ich: »Ja, was denn?« »Wie ich nach Helsinki komme.« Es kam wie aus der Pistole geschossen: »Da bring ich dich hin. Wir fahren beide mit dem Motorrad.«

Gesagt, getan. Sie hat sich hinten auf mein Motorrad gesetzt, ihren Koffer auf die Beine gestellt und dann sind wir losgefahren. Erst am Largo Maggiore vorbei, um bei Signora Angela Halt zu machen. Da haben wir uns kräftig gestärkt. Die Signora Angela nannte Karin, so hieß meine finnische zukünftige Frau, wie sie mir während der Fahrt verriet, immer »Duo L'agi di Finlandia«, was übersetzt »żwei blaue Augen von Finnland« bedeutete.

Die nächste Station war Herne, bei meinen Eltern – weil wir kein Geld mehr hatten. Als wir ankamen, waren sie im Garten von unserem damaligen Siedlungshäuschen. Ich tuckerte mit dem Motorrad an, eine fremde Frau hinten drauf. Meine Mutter und mein Vater glotzten uns an. Meine Mutter war zuerst wieder ansprechbar. »Mutter, das ist die Karin, die möchte ich heiraten.« Mittlerweile hatten wir nämlich das beide schon miteinander ausgemacht und sie war nun auch dafür. Meine Mutter reagierte sehr ungewöhnlich: »Ja, aber erst müsst ihr euch waschen. Ihr seht ja so dreckig aus.« Klar, wir waren seit Tagen mit dem Motorrad gefahren. Ich besaß keine Motorradtracht, hatte nur so eine Gummijacke, die ich Karin dann auch noch geliehen hatte, damit sie die hinten am Motorrad tragen konnte. Helme hatten wir auch keine, ich trug stattdessen eine Bommelmütze und eine Brille. Der ganze Lastwagendreck klebte an uns und einen Bart hatte ich mir auch stehen lassen. Der war für meine Mutter aber kein Thema: »Der muss weg. Wenn der nich weg is, kriegste nix zu Essen. Erst mal waschen.« Wir hatten damals weder Dusche noch Bad. Unten im Keller stand eine Wanne, in die Wasser eingefüllt wurde. Zuerst hat sich Karin gewaschen, dann war ich dran. Danach wurden wir fürstlich bekocht, mindestens so kräftig wie bei Signora Angela. Mutter war ganz in ihrem Element: »So, heute Nacht schläft die Karin oben in deinem Bett und du schläfst unten im Wohnzimmer. Und wir lassen die Schlafzimmertür auf, du gehst da nich rauf. Is dat klar?« »Ja«, gab ich kleinlaut von mir, »ist klar.«

Damit hatte sie ihre mütterliche Pflicht in einer derartigen Situation wahrgenommen: aufpassen, dass da nichts passierte. Insgesamt zwei Tage haben wir uns satt gegessen an Mutters Leckereien. Dann rief meine Mutter mich zu sich und stellte mich zur Rede: »Junge, ich weiß nich, ob du dir dat überlegt hast, wat du da machen willst. Was ist die?« »Ist ne Finnin.« »Ja, aber wat macht die arbeitsmäßig?« »Die studiert.« »Und wat machst du?« »Ja«, zögerte ich, »ich bin da im Bergbau.« »Du bringst ja alles durcheinander und machst nix Vernünftiges. Wovon willste dat Mädchen ernähren?« »Ich hab rausgefunden, was ihr Vater von Beruf ist: Medizinprofessor.« »Wat is dein Vater von Beruf?« »Ja«, gestand ich, »Bergmann.« Da orakelte meine Mutter: »Junge, dat kann doch nich gut gehen. Ihr könnt euch auch gar nich richtig unterhalten. Die kann kein richtig Deutsch, du kannst kein Finnisch.« »Wir sprechen Englisch.« »Nee, dat geht doch nich. Gibt's bei uns denn nich in der Kolonie en schönes Mädchen? Denk ma an die Ilse Bleichert.« »Nee«, schüttele ich den Kopf, »die ist ja schön, aber die möchte ich nicht heiraten.«

Vater kam hinzu und beteiligte sich an der Diskussion. Vor meinem Vater hatte ich immer große Hochachtung und er spielte in meinem Leben eine ganz wichtige Rolle. Falls er mir auch noch von der Hochzeit abraten sollte, wäre ich überzeugt und würde meine Finger von der Sache lassen. Er stand vor mir und fasste sich mal wieder kurz: »Junge, ich hab mir dat Mädchen ma angeguckt; die is in Ordnung. Heirate die.« Und darauf habe ich auch gehört.

Am nächsten Tag sind Karin und ich zusammen auf unserem Motorrad nach Helsinki aufgebrochen – auch nicht unbedingt eine Kurzstrecke. Unsere Liebe wuchs von Tag zu Tag und wir wurden immer glücklicher. Schließlich standen wir vor ihrem Elternhaus. Das sah sehr vornehm aus: unten war die Praxis, oben wohnte die Familie. »Hier wohnen wir.« Ich zögerte etwas: »Jetzt müssen wir deinen Eltern auch erzählen, dass wir heiraten wollen.« »Pass mal auf, wir machen das so: ich gehe erst mal zur Mama nach oben.« »Ja«, nickte ich, »dann geh ich doch zum Vater in die Praxis.« »Das ist eine gute Idee«, fand Karin.

Ich bin in die Praxis einmarschiert, in meiner Motorradkluft und noch ganz verschmiert von der Fahrt. Natürlich wurde ich auf Finnisch begrüßt, mit einem freundlichen »Hyvää huomenta«. Das habe ich damals noch nicht verstanden und da ich nicht auf Finnisch antworten konnte, bediente ich mich meiner Muttersprache und begrüßte die Sprechstundenhilfe mit einem gutgelaunten »Guten Morgen«. Die schaute mich verdutzt an und schickte mich ins Wartezimmer. Dort waren alle anderen recht vornehm gekleidet, nur ich fiel aus der Reihe. Karin hatte mich vorher instruiert: »Mein Vater hat ein Semester in Deutschland studiert, der kann etwas Deutsch. Du kannst mit ihm Deutsch sprechen.« Nach einer Weile kam der Herr Professor raus – wie sich das gehört im weißen Kittel und mit Schlips. Er war Hals-Nasen-Ohren-Spezialist und trug deshalb oben am Kopf so eine Art Spiegel, den er hochklappte, wenn er ihn nicht brauchte. Er begrüßte mich und auch ihm wünschte ich einen »Guten Morgen«. Die Finnen sprachen ganz langsam. »Oh«, sagte er, »Sie sprechen Deutsch. Dann können wir auch Deutsch miteinander sprechen.« Mit einem breiten »Ja« stimmte ich ihm zu. »Was kann ich für Sie tun?« Da ließ ich die Katze aus dem Sack: »Ich möchte Ihre Tochter heiraten.« Ihm fiel erst einmal der Spiegel herunter, dann überlegte er einen Moment und sagte gefasst: »Dann werden wir in die Sauna gehen!« Wir sind daraufhin drei Mal in die Sauna gegangen und er meinte abschließend, dass ich sie heiraten dürfte. Sie müsste aber erst noch zu Ende studieren, was noch drei Jahre dauern würde. Also war das abgemacht und Karin ist jetzt seit über 50 Jahren meine Frau.

Hermann und Jesus

Während also meine Frau ihr Studium zu Ende brachte, kehrte ich zurück zu meinen Bergleuten. Eines Tages, ich war gerade von der Schicht hochgekommen, erschien mein Schwager bei mir und eröffnete mir: »Fritz, der Vater liegt im Sterben. Komm sofort nach Hause.« Ich bin natürlich sofort auf mein Motorrad gestiegen und nach Hause gebraust. Da lag mein Vater. Früher war er ein starker, kräftiger Kerl gewesen. Aber jetzt war das nur noch ein Häufchen Mensch. Er konnte seine Hände nicht mehr gebrauchen, seinen Stuhlgang nicht mehr kontrollieren und bekam kaum noch Luft. Ich holte den Arzt, der ihm eine Morphiumspritze verabreichte und mich einweihte: »Ihr Vater wird morgen früh wohl nicht erleben.« Wir standen alle um das Bett herum, in dem mein Vater starb. Und ich habe die ganze Zeit überlegt: »Musste dem Vater denn jetzt nicht sagen, dass der gleich vor Gott steht? Musste dem nicht irgendwas vom Glauben sagen?« Aber ich war dazu nicht in der Lage. Denn ich dachte: »Das kannste nicht machen. Der kann sich nicht wehren.« Immerhin habe ich gebetet, immer den gleichen Satz: »Lieber Gott, mach doch, dass der Vater in den Himmel kommt. Bitte, bitte, bitte.« Der Morgen kam und wir konnten es alle sehen: gleich wird Schluss sein. Er schaute uns noch einmal alle intensiv an, so als ob er dadurch Abschied nehmen wollte. Und dann nahm er alle ihm noch zur Verfügung stehende Kraft zusammen, um zwei Worte zu sagen, die er so noch nie in seinem Leben gesagt hatte: »Jesus, Jesus!« Sprach es und ist gestorben. Wir mussten alle heulen und meine Mutter forderte mich auf: »Bete ma.« Ich habe ein »Vaterunser« gebetet, passte ja.

Am nächsten Morgen mussten wir dann all diese furchtbaren organisatorischen Sachen mit dem Standesamt und dem Beerdigungsinstitut regeln. Meine Mutter sagte irgendwann zu mir: »Junge, du hast ja gehört, wat der Vater zum Schluss gesagt hat. Hätte ich nie gedacht. Aber jetzt können wir den nicht mit den Freidenkern beerdigen. Besorg ma en Pastor.« Ich habe versucht, einen Pastor zu organisieren, der meinen Vater beerdigen würde. Aber da war nichts zu machen. Selbst der Superintendent weigerte sich. Er begründete das: »Der ist doch kein Kirchenmitglied, den kann ich doch nicht beerdigen.« Ich konnte wirklich niemanden auftreiben, der meinen Vater bei seinem letzten Gang unter die Erde begleiten wollte. Ich war ja selbst noch nicht so lange Christ, war auch nicht getauft. Entsprechend deprimiert kam ich nach Hause und musste beichten: »Mutter, ich hab keinen gefunden.« Sie nahm das ganz gelassen und schlug vor: »Dann predigst du. Da muss wat Frommes gesagt werden.« Ich hatte bis dahin noch nie so offiziell fromm geredet und noch keine richtige Predigt gehalten. Die Andachten zählten ja nicht und das Beten hatte meistens Paule übernommen. Außerdem erzählte ich eher Geschichten als Frömmigkeiten. Ich wusste nicht, was ich machen sollte. Die Beerdigung rückte immer näher, Hunderte von Leuten hatten sich angekündigt und kamen auch tatsächlich. Mein Vater war sehr populär. Seine Partei war vertreten, die haben »Brüder zur Sonne, zur Freiheit« gespielt. Die Zechen-Kapelle begleitete die Zeremonie musikalisch; allein das waren so viele Menschen, die passten gar nicht alle in die Leichenhalle rein. Kränze wurden hingelegt, alles war da, nur die Kanzel blieb leer. Bis meine Mutter mich anstieß:»Geh ma da rauf.« Natürlich bin ich hochgegangen, mit ganz schön zittrigen Knien. Ich wusste nicht, was ich sagen sollte. Alle starrten mich an und dann habe ich einfach erzählt. Wie der Vater gestorben ist und was er zum Schluss gesagt hat. Zum Abschluss habe ich noch ein »Vaterunser« gebetet, einige sind eingefallen und haben mitgesprochen. So wurde mein Vater doch noch fromm beerdigt. Anschließend gab es den obligatorischen Beerdigungskaffee gegenüber in der Kneipe »Zülke«. Die Frauen erhielten Kaffee und den bewährten Streuselkuchen. Die Männer hatten mehr Durst, gingen an die Theke und tranken Wasser aus einem kleinen Schnapsglas. Zwischendurch auch noch das ein oder andere Bierchen. Als alle schon kräftig angetrunken waren, riefen sie mich herbei: »Fritz, komm ma her.« Ich bin dem Ruf zur Theke gefolgt und wurde sofort von den Kumpels ausgequetscht: »Wat haste denn da für nen Quatsch erzählt? Der fromme Hermann, der rote Hermann wird fromm. Dat gibt's doch gar nicht. Willste uns alle hier veräppeln?« »Nee«, rechtfertigte ich mich, »das hat der Vater gesagt.« »Dat glaubste selber nicht«, erwiderten sie. Also habe ich gesagt:»Hol die Mutter.« Meine Mutter wurde geholt und sie gab bereitwillig Auskunft. »Anna, wat hat der Hermann zum Schluss gesagt?« Meine Mutter erzählte wahrheitsgetreu: »Ich hab mich auch gewundert. Der hat ›Jesus, Jesus‹ gesagt.« Plötzlich kam Atze Trommer, so eine Art Schlägertyp, auf mich zu, packte in seine Tasche und förderte 20 Mark hervor. Das war damals viel Geld, doch er steckte mir den Schein in die Tasche und lallte: »Haste gut gemacht.« An dem Tag lieferte ich also nicht nur meine erste Predigt ab, ich erhielt auch meinen ersten Predigtlohn. Seitdem predige ich in der ganzen Welt.

Raus aus dem Pott

Meine Karin muss mich wirklich sehr geliebt haben, denn als wir schließlich heirateten, ist sie von Helsinki ins Ruhrgebiet gezogen. Ich liebte ja meine Heimat Ruhrgebiet, aber touristisch gesehen war das nicht unbedingt die attraktivste Gegend. Doch wenn man sich liebt, nimmt man so etwas wohl in Kauf.

Endlich Hochzeit

Wir wohnten gemeinsam auf einem Zimmer und ich habe weiter als Bergmann gearbeitet. Dann meldete sich, wie das auch sein sollte, ein Kind bei uns an, Karin und ich haben uns wie die Kinder gefreut. Allerdings war ich immer noch kein richtiger Berufsmensch. Einerseits war ich noch immer Bergmann, doch nebenher studierte ich noch ein bisschen und dann war da ja noch meine »enge Verbindung« mit Karin – alles etwas durcheinander. Meine Mutter, die unsere Verbindung und der bevorstehende Nachwuchs glücklich stimmten, fragte andauernd: »Wat willste denn weiter machen?« Aber ich war mir selbst nicht sicher. Immerhin wurde dann irgendwie von außen für mich entschieden, denn 1957 erreichte uns die Kohlenkrise. Die Schutzzölle auf Erdöl wurden von der Regierung aufgehoben, weshalb nun vermehrt Öl nach Deutschland kam. Alles wurde von Kohle auf Öl umgestellt, die Zechen wurden geschlossen und ich merkte: Im Kohlegeschäft lag für mich keine Zukunft mehr. Allerdings machte ich mir keine großen Gedanken oder Sorgen, denn bisher war ich in meinem Leben immer zur richtigen Zeit am richtigen Platz gewesen und wurde oft ein wenig ahnungslos in meine nächste Karriere reingeschubst. Deshalb hatte ich mich bis dahin noch nie bewerben müssen oder irgendwelche Anträge gestellt oder Bewerbungsgespräche geführt. Wir wohnten weiter als Familie in einem Zimmer im Ruhrgebiet, unser Baby wuchs im Bauch heran, ich liebte Karin und sie liebte mich. Mama war auch zufrieden, vor allem damit, dass unsere Ehe gut lief und dass sie bald ein Enkelkind bekommen würde, das sie zur Oma machte.

Eines Tages schneite ein Brief vom deutschen CVJM in Kassel ins Haus. Es handelte sich mal wieder um einen Schubser, denn es war ein Angebot, nach Afrika zu gehen. Der CVJM suchte für Ghana einen Missionar und sie hätten sich überlegt, dass ich genau der richtige Mann dafür wäre. So fragten sie mich, ob ich das nicht machen wollte. Da musste ich mich erst mal hinsetzen. Noch nie in meinem Leben hatte ich daran gedacht, dass ich einen passablen Missionar abgeben würde. Ich fand mich überhaupt nicht qualifiziert dafür, hatte doch auch gar keine entsprechende Ausbildung. Außerdem dachte ich an Karin. Die würde bestimmt nicht mitkommen, schon gar nicht mit dem Kind im Bauch. Und dann gleich aus der Kälte Finnlands in die Hitze Afrikas... Ich wusste auch gar nicht, wo Ghana war, da musste ich mich erst mal informieren. Schließlich fragte ich Karin und rechnete insgeheim damit, dass sie sowieso ablehnen würde; damit wäre der Fall ja dann erledigt. »Du, Karin, die haben mich hier eingeladen, als Missionar nach Afrika zu gehen. Kommste mit?« Überraschenderweise stimmte sie sofort zu: »Ja.« Verblüfft fragte ich nach: »Warum denn das?« »Weil das spannend klingt. Außerdem habe ich vorm Altar versprochen: ›Wo du hingehst, geh ich auch hin.‹«

Also konnte ich nach Kassel zurückschreiben: »Wir gehen nach Afrika!«

Doch anscheinend war dieses Schreiben nicht ganz so klug von mir, denn ich hatte zur Begründung keinen Bibelspruch angeführt und auch viel zu schnell geantwortet. So etwas war man damals in den frommen Organisationen nicht gewohnt Und ich vermute, dass die Leute in Kassel etwas verunsichert waren, ob ich tatsächlich der richtige Mann für Ghana wäre. Da passte es, dass während dieser Zeit ein Mann aus Ghana beim CVJM zu Besuch war. Mit ihm zusammen kamen der Vorsitzende des deutschen CVJM und der Generalsekretär eines Sonntags ins Ruhrgebiet gefahren, um mich zu Hause zu besuchen. Allerdings trafen sie dort nur meine Frau an: »Wir möchten Ihren Mann sprechen.« »Der ist nicht da«, antwortete sie, »der ist Fußball spielen.«

Das war natürlich ein schlechter Einstieg. Die drei schauten sich gegenseitig an, dachten wohl einhellig:»Ein Christ spielt doch am Sonntag nicht Fußball.« Fußball galt sowieso als unehrenhafter Sport, denn beim CVJM spielte man Handball. Karin schickte sie zu mir:»Sie können ihn sehen, er ist hier an dieser Straße weiter runter. Dort ist das Stadion, da spielt er.« Also machten sie sich auf zum Stadion – und fielen dort sofort auf, da sie alle Mäntel und Hüte trugen, was sonst keiner im Ruhrgebiet tat. Sie kamen am Ende des Spieles – wir hatten gegen Borussia Dortmund gespielt und natürlich gewonnen – und gingen direkt in unsere Kabine. Ein Afrikaner im Ruhrgebiet war damals ziemlich ungewöhnlich. Ich starrte ihn und die anderen beiden im Mantel an, denn ich kannte ja keinen von ihnen. Da ging der Afrikaner auf mich zu und grinste:»You are the right man for Africa! – Du bist der richtige Mann für Afrika.«

Ich war sprachlos, doch er erklärte:»Wir brauchen dringend im CVJM einen Fußballtrainer.«»Ja, aber«, mahnte ich an,»ich soll doch als Missionar nach Afrika gehen.«»Einen Missionar brauchen wir nicht, das machen wir selbst. Du wirst unser Fußballtrainer. Du trainierst unsere Mannschaft, dann werden wir Ghana-Meister und irgendwann werden wir Weltmeister.«

Das ging alles ruck, zuck. Die anderen, die dabeistanden und das hörten, waren ganz entsetzt. Ich wusste selbst nicht, was ich dazu sagen sollte. Klar, ich spielte gerne Fußball, aber ich wollte ja auch die Botschaft von Jesus mit meinem Job verbinden und sie nach Afrika bringen. Also habe ich mir dann doch noch etwas Zeit ausgebeten:»Ich überleg mir das noch mal.« Während die Herrschaften vom CVJM erst mal wieder nach Kassel zurückfuhren, eilte ich sofort zu Karin und erklärte ihr die Situation. Sie meinte dazu nur: »Mach das doch.« Ich wunderte mich: »Was soll ich machen?« »Missionar und Fußballtrainer.« »Das hat es noch nie gegeben.« Darauf fragte sie: »Was war denn Jesus von Beruf?« »Zimmermann.«

»Was war Paulus von Beruf?« »Zeltmacher.« »Dann bist du eben Missionar und Fußballtrainer.« Damit war die Angelegenheit besprochen. Am nächsten Tag habe ich zugesagt und wir zogen wenig später nach Afrika.

Zollfrei nach Afrika

Vorher kam aber noch der große Tag, an dem wir unsere kleine Tina zur Welt brachten. Das war für alle eine große Freude! Als dann die Reiseplanungen für Afrika auf dem Programm standen, riet Karin mir: »Es ist besser, wenn du nach Afrika vorfliegst oder fährst.« In der Zwischenzeit hatte ich einen VW-Bus geschenkt bekommen. Den packte ich mit einem Kühlschrank und allen möglichen Klamotten für Afrika voll. Damit kam allerdings das Flugzeug als Reiseuntersatz nicht mehr in Frage, weshalb ich mit einem Schiff gefahren bin. Karin wollte mit unserem Baby kurz vor Weihnachten mit dem Flugzeug nachkommen. Auf dem Schiff war ich der einzige Passagier. Es war ein großer Frachter, der Container geladen hatte. Die Matrosen haben mich fertiggemacht und ständig auf den Arm genommen, als ich erzählte, dass ich nach Afrika ziehen wollte. »Da wirst du in einem Suppentopf gekocht und da gibt es überall Schlangen.« Ich ließ die mal erzählen. Was aber stimmte war, dass es sehr heiß war, als wir Afrika erreichten. Wir landeten in der Hafenstadt von Ghana, die damals Takoradi hieß. Den Namen hatte ich vorher noch nie gehört. Aber ich hatte einen Brief erhalten vom YMCA in Ghana. Das Briefpapier besaß einen wunderschönen Briefkopf, der lautete »National Counts of Ghana YMCA, CG Bedema, President«. Er schrieb: »Lieber Fritz, wenn du nach Ghana kommst, wir sind im Hafen, wir warten auf dich. Und wir führen dich dann in Ghana ein.« Natürlich dachte ich deshalb, dass sie am Hafen stehen würden, um mich in Empfang zu nehmen. Schließlich schrieb er weiter, dass ich mich auch beeilen sollte. Sie hätten ein Haus für mich gemietet, in dem ich so schnell wie möglich einziehen sollte.

Als ich morgens um fünf Uhr in Takoradi ankam, war es schwülheiß. Auf dem Schiff und vor allem auf dem Deck stand das Wasser. Das war weder Regenwasser noch Putzwasser, sondern lag an der extremen Luftfeuchtigkeit. Das brachte mich ins Grübeln: »Hier nimmst du deine Frau mit? Von dem eiskalten Finnland, in dem es Dezember war und Schnee lag, ins glühend heiße Afrika?« Das Schiff legte an. Unten am Steg sah ich nur afrikanische Gesichter, alle schwarz. Ich schaute, ob da irgendwo eine Delegation stand, die auf mich wartete, aber weit und breit war nichts davon zu sehen. »Was machste jetzt?«, schoss es mir durch den Kopf. Als mein Bus mit dem Kran runtergehievt wurde, stand der Kapitän neben mir. Er bemerkte wohl, dass meine Stimmung ziemlich unten war und ich mich fragte, ob das wohl so richtig war, was ich da gemacht hatte. Er musterte mich von oben bis unten und bot mir dann an: »Herr Pawelzik, wenn das da nicht klappt hier – wir liegen noch bis morgen im Hafen. Dann können Sie wieder zurückkommen mit mir. Brauchen nichts zu bezahlen.« Ich hätte schon fast gesagt: »Jau, ich bleib hier!«, unterließ es aber. Stattdessen erweiterte er sein Angebot: »Und wenn das später sein sollte – nach einem Jahr kommen wir wieder. Dann können wir Sie wieder mit zurück nehmen.« Das klang annehmbar. Als ich ausstieg, verabschiedete er sich mit: »Also, bis gleich.« »Nee, nee«, erwiderte ich, »ich glaube, ich bleib hier.«

Als ich neben meinem Bus stand, kamen ein paar Zöllner auf mich zu. »Is that your bus?« »Ja«, antwortete ich. »Komm mit.« Der Bus wurde in die Zollhalle geschoben, da ich keinen einzigen Tropfen Benzin im Tank haben durfte an Bord. Einer der Zöllner wollte meine Papiere sehen. Beim Durchlesen stutzte er und fragte mich: »Wo ist denn die Zollfreiheit?« Die besaß ich natürlich nicht. Daraufhin rechnete er aus, wie viel Zoll ich zahlen müsste. Es war doppelt so viel, wie der Bus gekostet hatte. So viel Geld besaß ich überhaupt nicht.

Mit dem Bus nach Ghana

Dann wollte er meinen Bus kontrollieren. Er zeigte auf eine Kiste und befahl: »Aufmachen!« Das war eine große Kiste, die mir der Siegerländer CVJM geschenkt hatte. Sie war voller Bibeln. Während ich an der Kiste hantierte, fragte er mich, was ich denn eigentlich in Ghana wollte. »Missionary and football coach – Missionar und Fußballtrainer.« Er schüttelte nur den Kopf und murmelte: »So was habe ich noch nie gehört. Na ja, dann mach mal auf.« Ich öffnete die Kiste voller Bibeln. Er nahm eine heraus, schaute sie an und zeigte sie mir. Erst da bemerkte ich, dass die ganzen Bibeln in Deutsch geschrieben waren. Die Siegerländer hatten mir eine Kiste mit ausschließlich deutschen Bibeln mitgeschickt. Diese Heilige Schrift konnte hier in Ghana keiner lesen. Das bemerkte der Zöllner auch:»Wer soll das denn lesen?« Ich antwortete, noch immer etwas verdattert:»Weiß ich auch nicht.«

Später fanden die Bibeln allerdings doch einen reißenden Absatz. Hauptsächlich Frauen kamen und baten mich um eine dieser Bibeln. Erst dachte ich, dass sie die lesen wollten, aber sie konnten ja gar kein Deutsch. Dann habe ich gesehen, was sie damit machten: Weil in Afrika manche Lebensmittel am Straßenrand verkauft werden – zum Beispiel Erdnüsse, Schaschlik und solche Sachen –, wickelt man sie in Papier ein. Die Frauen haben ihre Lebensmittel immer in Bibelblätter eingewickelt, weil das so schönes und gutes Papier war. So ist die Bibel also unter das Volk gekommen. Gelesen wurde sie zwar nicht, aber sie wurde sehr günstig und sinnvoll verwertet.

Der Zöllner wollte noch mehr sehen:»Zweite Kiste aufmachen!« Ich ahnte, dass ich da wohl gleich Probleme bekommen würde. Diese Kiste war nämlich von meinen Kumpels gepackt worden. Sie hatten sich dabei Folgendes gedacht: »Fritz, wenn du nach Afrika kommst, ist es dort glühend heiß und da bekommst du Durst. Damit du nicht verdurstest, geben wir dir eine Kiste mit Getränken mit.« Der Zöllner machte die Kiste auf und da war alles drin, nur keine Cola. Bier war noch das Harmloseste, was in der Kiste zu finden war. Der Zöllner nahm eine der Flaschen hoch – es war eine

Schnapsflasche – und zwinkerte mir zu: »Hör mal: Bist du als Missionar hier oder um uns besoffen zu machen?« Ich versuchte, mich zu rechtfertigen: »Das ist ein Irrtum, das soll doch nur für mich sein.«

Er rief noch einige andere Zöllner herbei und jeder nahm sich eine Flasche; es waren ja genug in der Kiste drin. Dann haben sie alles andere aus meinem Bus genau angeschaut und aufgeschrieben, denn dafür sollte ich Zoll zahlen. So viel Geld hatte ich nach wie vor nicht dabei. Irgendwie hatten wir in Deutschland gar nicht an so etwas wie Zoll gedacht. Ich stand da wie ein begossener Pudel und musste wohl Mitleid bei dem Zöllner hervorgerufen haben. Der fragt mich nämlich: »Hast du denn nicht irgendwie ein Papier, das zeigt, was du hier machen sollst?« Da fiel mir der CVJM-Brief ein mit dem tollen Briefkopf. Ich gab ihn dem Zöllner und er verstand ihn, da er auf Englisch geschrieben war. »Oh«, sagte er, »do you know Bedema?« Das war derjenige, der im Briefkopf als Präsident des CVJM in Ghana genannt wurde. »Nee«, erwiderte ich, »den kenne ich nicht.« Der Zöllner informierte mich: »Das ist doch unser Finanzminister, mein Chef. Und der ist der stellvertretende Präsident von Ghana.« Mir kam eine Idee: »Kann ich den nicht mal anrufen?«

Wir riefen dann bei Herrn Bedema an, was aber ganz schön lang dauerte, denn in Ghana ticken die Uhren anscheinend langsamer. Schließlich hatte ich das erste Mal in meinem Leben einen Minister an der Strippe. Er freute sich, mich zu sprechen: »Ah, schön, dass du da bist.« »Ihr wolltet mich doch abholen hier vom Hafen.« »Ja, aber das hat nicht geklappt. Ich muss zum Präsident und das Auto ist kaputt.« »Was soll ich denn jetzt machen?«, fragt ich den Minister, »und wo ist denn das Haus, in dem ich wohnen soll?« »Ach, das hat sich auch zerschlagen.« Ich bohrte nach: »Was soll ich denn machen?« »Suche dir mal eine Wohnung und fang schon mal an zu arbeiten. The Lord is with you. – Der Herr ist mit dir.«

»Das ist ja leicht gesagt«, dachte ich und wies ihn auf Folgendes hin: »Meine Frau kommt in einer Woche, mit einem kleinen Baby. Das muss doch vorbereitet sein.« »Ach, das klappt schon. Der Herr ist mit dir. Mach es gut; und wenn du dann nach Accra kommst, um deine Frau vom Flugplatz abzuholen, dann bist du bei uns eingeladen.« Am Schluss sagte der Minister noch: »Gib mir mal den Zöllner.« Er sprach mit dem Zöllner, der sofort Haltung annahm und immer wiederholte: »Yes, Sir.« Dann legte der Zöllner auf und wandte sich mir zu: »Also, der Herr Minister hat beschlossen, du bist zollfrei, kannst alles zollfrei einführen.«

Ich bin dann zur nächsten Tankstelle gelaufen, um Benzin zu holen, damit ich überhaupt fahren konnte. Endlich konnte ich mich aus dem Hafen entfernen. Ich fuhr hinaus und blieb oben auf einer Düne stehen. Vor mir lag die Stadt, in der ich keinen Menschen kannte. Kaum Autos, überall nur dunkelhäutige Menschen. Ich stieg aus meinem Auto aus, schaute auf die Stadt, dann auf das Schiff. Wenn ich ehrlich bin: am liebsten wäre ich wieder zum Schiff und mit dem Schiff wieder nach Deutschland zurückgefahren. Da habe ich gebetet: »Lieber Gott, wenn du mich hierher geschickt hast, dann lass mich wenigstens einen Freund finden. Amen.«

Dann fuhr ich mit dem Auto in die Stadt hinein. Grundsätzlich bin ich ja ein offener, etwas naiver Mensch, und so habe ich einen Freund gesucht. Ich war noch nicht weit gefahren, da lag eine Schule an der Straße. Die Kinder in ihren Schuluniformen spielten. Sie spielten doch tatsächlich mit ihrem Lehrer! Bei uns in Deutschland machten die Lehrer Aufsicht, aber hier spielte der Lehrer mit seinen Schülern. Mein erster Gedanke war: »Das kann doch kein schlechter Mensch sein.« Also stieg ich aus und ging auf ihn zu. Sofort rannten alle Kinder weg. Sie schrien »Obruni«, was »Weißer« bedeutete. So jemanden hatten sie noch nie gesehen, höchstens mal in einem Buch. Ich ging weiter auf den Lehrer zu, gab ihm die Hand und stellte mich vor: »I'm Fritz Pawelzik from Germany.« Er tat es mir gleich: »Ich bin Dalins aus Ghana. Was kann ich für dich tun?« Ich versuchte, ihm in meinem Englisch, was ja eigentlich zu nichts zu gebrauchen war, zu erklären, was ich denn wollte. Natürlich hat er nichts verstanden. Immerhin hörte er mir aber zu, bis er mich irgendwann unterbrach und mich fragte: »Entschuldigung, ich habe eine Frage. Kann ich dir eine Frage stellen?« »Ja«, sagte ich. Er fragte mich: »Weißt du, dass der Herr Jesus dich lieb hat?« »Ja!«, antwortete ich. »Okay«, nickte er zufrieden, »dann bist du mein Bruder.« Er schüttelte mir die Hand, umarmte mich und wiederholte seine Frage vom Anfang. »Was kann ich für dich tun?« »Ich brauche eine Wohnung.« »Suchen wir.« Er schickte die Kinder nach Hause: »Kommt morgen wieder, ich muss mit dem Onkel noch in die Stadt fahren.« So etwas würde kein deutscher Lehrer machen. Wir gingen dann zu meinem Bus, er setzte sich hinein und empfahl mir, bevor wir losfuhren: »Beten.« Dann kniete er sich nieder und deutete an, dass ich mich ebenfalls hinknien sollte – trotz des Lenkrads direkt vor mir. Und dann hat er gebetet, eine geschlagene halbe Stunde lang. Er erzählte dem lieben Gott einfach alles, auch dass hier einer aus Deutschland war, der eine Wohnung suchte. Er hat wie mit seinem eigenen Vater geredet. Nach der halben Stunde, so lange hatte ich noch nie in meinem ganzen Leben gebetet, taten mir die Knie weh. Aber er stieß mich nur an und meinte: »Du bist dran.« Nun, ich bin ja ein Kurzbeter, deshalb war ich auch ruck, zuck fertig. »Nein, nein«, widersprach er, »das ist zu kurz. Bete mehr!« Ich musste noch einmal anfangen und gab mein Bestes. Erst dann konnten wir losfahren, um die Wohnung zu suchen.

Als wir durch die Stadt fuhren, dachte ich so bei mir: »Mensch, hier willst du deine Frau hinholen? Das ist doch unmöglich.« Die Häuser besaßen offene Abflussrinnen, in denen aller Unrat und alle Abwasser landeten. Selbst tote Tiere lagen darin. Darüber wurde dann einfach ein Desinfektionsmittel geschüttet, was den Gestank nur verstärkte. Außerdem war es furchtbar laut in der Stadt.

Gewöhnungsbedürftige Aussichten

Wir durchquerten ein Stadtviertel, in dem sich lauter See-manns-Kneipen befanden. Dalins riet mir:»Wir müssen uns umschauen, du kannst ja nicht in einer Hütte wohnen. Du brauchst eine richtige Wohnung. Man kann sehen, wenn eine Wohnung frei ist, denn dann sind die Fensterscheiben kaputt.« So hatte ich auch noch nie eine Wohnung gesucht. Wir fuhren also langsam durch die Stadt, um alles gut sehen zu können. Und in diesem Viertel mit den Kneipen sahen wir in einer Wohnung in der ersten Etage kaputte Fenster. Wir hielten an und gingen rein. Da stand eine Wohnung leer, die allerdings total kaputt und damit komplett renovierungsbe-dürftig aussah. Wir erkundigten uns und erfuhren, dass sie tatsächlich frei war. Das Klo war verstopft, in der Badewanne schlief ein Besoffener. Außerdem fanden wir heraus, dass die Wohnung dem Rechtsanwalt Loyamensa gehörte.»Oh«, freute sich Dalins,»das ist ein Bruder.«

Also fuhren wir sofort zu ihm. Erst wollte er drei Monate Vorschuss haben, aber mein grundsätzliches Problem war ja, dass ich kein Geld hatte. Er gab uns die Wohnung trotzdem. Doch nun hatte ich das nächste Problem, denn mir wurde sofort bewusst: In einer Woche kommt meine Frau mit dem kleinen Kind. Und ich besitze zwei linke Hände. Ich hatte keine Ahnung, wie ich die Wohnung herrichten sollte. Aber Dalins beruhigte mich:»Ich werde dir einige Brüder und Schwestern besorgen. Die helfen uns hier.« Wir trafen uns dann mit einigen Leuten, die unsere Wohnung in Schuss bringen sollten. Sie fingen auch sofort damit an, alles in Ordnung zu bringen. Ein Schreiner baute Betten, Schränke besorgten wir später. Natürlich musste ich auch diesen Leu-ten gestehen, dass ich kein Geld hatte.»Ja, dann bezahlst du halt später.« So einfach war das.

Heiligabend in Takoradi

Dann war es soweit und ich musste meine Frau vom Flughafen abholen. Ich fuhr nach Accra und Dalins schickte mich mit den Worten weg: »Wir werden alles fertig machen. Kein Problem, der Herr ist mit uns.« Ich dachte aber nur: »Das lässt sich leicht sagen.« Als ich in Accra ankam, hatte Karins Maschine Verspätung. Sie kam erst zwei Tage vor Weihnachten an, mit dem kleinen Baby an Bord. Wir durften eine Nacht bei dem Minister wohnen und fuhren am Tag vor Heiligabend nach Takoradi weiter.

Als wir losfuhren, war mir nicht wirklich wohl: Wie wird die Wohnung aussehen? Ich kannte die Leute ja gar nicht oder nur flüchtig, die sich um die Wohnung gekümmert hatten. Für die Rückfahrt nach Takoradi nahmen wir die herrliche Strecke direkt am Meer entlang. Wir hielten irgendwo an und haben alle drei gebadet, so wie uns der liebe Gott gemacht hat, meine Frau, mein Baby und ich. Es war herrlich, unter Palmen zu schwimmen, und so ganz ohne Touristen. Schließlich erreichten wir die Stadt. Karin schaute mich an und sagte: »Hör mal, hier sollen wir wohnen?« »Ja, ja«, versuchte ich sie zu beruhigen, »nur vorläufig. Wir machen uns das schon ordentlich.« »Junge, Junge«, schüttelte sie mit dem Kopf, »ich weiß nicht, ob das gut geht.« Wir hielten vor unserer Wohnung und ich bemerkte, dass Scheiben in die Fenster eingesetzt waren. Vor dem Haus stand jemand, der uns zurief: »Dalins hat mir gesagt, ich soll auf das Auto aufpassen. Ihr sollt raufkommen.« Ich wurde immer aufgeregter, wie die Wohnung wohl aussehen würde.

Also nahm ich unser Baby und ging mit Karin hoch zu der Wohnung. Sogar eine Tür war mittlerweile eingelassen. Wir klopften an diese Tür. Sie wurde geöffnet und wir erblickten eine Wohnung, die voller Afrikaner war: Männer und Frauen in ihrer Festkleidung, alle in bunten Gewändern. In dem Moment, in dem wir reinkamen, sangen alle: »Gott ist gegenwärtig.« In ihrer Sprache natürlich. Ich habe geheult, so ergriffen war ich. Karin stieß mich an und flüsterte mir zu: »Fritz, ich spüre das. Der ist hier.« Sie haben uns umarmt und geküsst, alle hatten etwas zu Essen mitgebracht, Bananen und lebendige Hühner. Karin meinte noch scherzhaft: »Die musst du schlachten.« Die ganze Wohnung war fertig, sie hatten sie geputzt und zurechtgemacht. Und wir hatten genug zu essen für die nächste Woche. Unglaublich. Dalins lud uns ein: »Morgen ist Heiligabend und da kommst du zum Feiern mit in unsere Kirche.«

Am nächsten Abend holte Dalins uns ab und brachte uns in eine Blechkirche. Die Kirche bestand aus Blech, aus altem Karton und allem möglichen anderen Zeug, und sie war vollgepackt mit Menschen. Wir traten ein und wurden stürmisch begrüßt. Die Frauen kannten wir ja vom vergangenen Abend. Heute aber besaßen sie eine neue Rolle: Sie waren heute Küsterinnen oder zumindest Helferinnen des Priesters. Vorne im Altarraum gab es zwei Räume. Ein Raum war ein Stall, der andere Raum war eine Krippe. »Oh«, staunte Karin, »guck mal: Bethlehem.« Wir setzten uns und folgten der Messe, in der alle kräftig gesungen und vor allem geschwitzt haben. Auf einmal kam Dalins und bat uns: »Kommt mal raus.« Also ging ich mit Karin und unserem Baby nach draußen. Dort standen die Kirchenältesten und erklärten uns: »Wir haben etwas mit euch vor. Ihr wisst ja, dass Maria vor der Geburt Jesu mit Josef in seine Heimatstadt Bethlehem reisen musste. Der römische Kaiser wollte sie dort zählen lassen wegen der Steuern. Obwohl Maria schwanger war, musste sie mit ihrem Mann Josef die weite Reise von Nazareth nach Bethlehem machen. Weil sie dort keinen Platz in der Herberge fanden, wurde Jesus eben im Stall geboren.« »Ja«, bestätigte ich, »die Geschichte kenne ich.« »Dann weißt du ja auch, dass Maria und Josef in Bethlehem Fremde waren. Die kamen ja aus Nazareth.« »Ja, ja«, bestätigte ich, »weiß ich.« Und nun zog einer der Ältesten folgenden Schluss: »Ihr seid doch auch Fremde.« Ich fing langsam an etwas zu ahnen. Er fuhr fort: »Pass mal auf, wir haben gedacht, ihr spielt das nach. Du bist Josef«, – ich wurde zum ersten Mal in meinem Leben Josef genannt –, »und du bist Maria«, sagte er zu Karin, »und euer Baby ist Jesus.« Ich gab zu Bedenken: »Das ist doch en Mädchen.« »Ja, macht nix. Und wenn ihr jetzt gleich reingeht, dann spielt ihr vor, wie Jesus geboren wurde.« Wir holten noch eine Decke, damit Karin unser Kind vor ihrem Bauch anbinden konnte. Dann marschierten wir alle drei in die Kirche rein. Ich ging in die Kneipe und fragte den Wirt, ob noch ein Hotelzimmer frei wäre. Das waren richtige Afrikaner, die haben getrunken und gejohlt wie in einer echten Kneipe. »Nee«, antwortete er, »ist nichts frei. Nur im Stall ist noch ein Platz.« Wir gingen dann beide in den Stall und Dalins rief: »Karin, Kind gebären!« Sie nahm die Decke weg und unser Baby wurde zum zweiten Mal geboren, während die ganze Kirche in jubelnden Beifall ausbrach. Das Kind wurde in die Krippe gelegt und im Anschluss feierten wir Heiligabend. Das war mal wieder wunderbar. Die Hirten kamen vom Felde, es gab sogar welche, die Engel spielten und deswegen oben in dem Balken hingen. Seitdem fühlten wir uns in Afrika zu Hause – Maria, Josef und das kleine Baby. Wir gehörten nun zu diesen Menschen.

Eine Familie in Afrika

Jetzt waren wir also in Afrika, doch keiner hatte mir gesagt, was ich da konkret machen sollte. Mir war nur klar: Ich konnte hier weder einen christlichen Verein junger Motorradfahrer gründen, noch konnte ich so große Reden schwingen wie in Deutschland. Mir war aber aufgefallen, dass die Jungs hier gerne Fußball spielten, und zwar mit selbst gemachten Bällen aus Kokosnüssen oder aus irgendwelchen Abfällen oder aus Stoff. Ich hatte aber zwei schöne Lederbälle mitgebracht von unserer Mannschaft, sogar mit den Unterschriften aller Spieler. Also suchte und fand ich einen Acker, der zwar ziemlich grob war – vor allem, weil sich mitten drauf ein paar Ameisenhügel befanden –, der aber eigentlich für meine Zwecke ausreichen sollte. Ich spielte ein bisschen mit mir selbst, tätschelte den Ball und ließ ihn zwischen meinen Füßen hin und her springen. Immer mehr Leute kamen und schauten mir zu. Es lief also bestens und es wurden sogar auch Mädchen davon angezogen. Wir konnten also mit dem Fußballspielen anfangen. Die Mädchen stellten wir ins Tor, weil sie ja grundsätzlich gut fangen können. Dann wollte ich zwei Mannschaften aufstellen und elf gegen elf spielen, um so richtig trainieren zu können. Das Problem war allerdings, dass da 100 Afrikaner waren, die mitspielen wollten. Also haben wir eben 50 gegen 50 gespielt. Eine wunderschöne Spielerei, mitten auf diesem Acker mit seinen über ein Meter großen Ameisenhügeln, um die wir drum herum spielen mussten. Auf unserem Acker haben wir immer gewonnen, da wir die Ameisenhügel gewohnt waren, aber auf fremden Plätzen, wo es meist keine Ameisenhügel gab, haben wir natürlich verloren. Trotzdem war das Spielen wunderbar, es ging meist stundenlang. Richtig trainieren konnten wir nicht, wir haben einfach nur gespielt.

Immer, wenn wir fertig waren mit dem Spiel, forderten die Leute mich auf: »Fritz, erzähl uns eine Geschichte.« Dann erzählte ich ihnen von Europa und davon, wie das Leben hier so ist. Zum Beispiel von den Schneeflocken, die vom Himmel runterfallen, was sie besonders interessant fanden, da sie Schnee noch nie selbst gesehen hatten. Unser Leben in Deutschland muss ihnen wohl genauso exotisch vorgekommen sein wie uns das Leben in Ghana. Natürlich habe ich auch Geschichten aus der Bibel rezitiert. Davon hatten sie auch noch nie etwas gehört. Sie nannten diese Sorte von

Geschichten »Mother Jesus Stories«, weil ich dabei immer auch Jesus erwähnte. Da die meisten nicht lesen und schreiben konnten, spielten sie die Geschichten sofort nach und machten eine Art Theaterstück daraus. Das war für mich etwas ganz Neues, die Bibel auf diese Weise zu erfahren. Bei uns ging ja primär alles eher mit dem Kopf: Wir knackten Probleme oder zerlegten die Heilige Schrift in einzelne Worte und legten diese aus. Aber in Afrika »erlebten« die Menschen die Bibel so, wie es sich tatsächlich abgespielt haben könnte. Was dabei herauskam, war herrlich. Zum Beispiel bei der Hochzeit zu Kana. Da sind alle herumgetorkelt und taten so, als wären sie total blau. Oder bei der Erweckung des Lazarus; da hat einer so laut geschrien, dass die ganze Nachbarschaft zusammengekommen ist und sich wunderte; das war herrlich.

So wurden meine »Mother Jesus Stories« zu meiner ersten großen Aktion in Afrika. Dabei habe ich gelernt, wie europäische und afrikanische Darbietung sich herrlich ergänzen. Dabei habe ich selbst auch unheimlich viel gelernt. Deshalb ließ ich den pädagogischen Zeigefinger mal schön in der Tasche.

Die Folge war: Wir hatten einen immensen Zulauf. Immer mehr Leute kamen, die mit uns Fußball spielen wollten. Deshalb habe ich auch erst einmal kaum etwas anderes unternommen, als von morgens bis abends Fußball zu spielen. Denn viele der jungen Menschen gingen gar nicht zur Schule. Daraus wurde dann meine nächste Aufgabe.

Zahnarzt mit Tretpedal

Von einer Zahnherstellungsfirma aus Deutschland hatten wir
Geräte spendiert bekommen: eine mobile Zahnarztpraxis aus
dem Krieg. Deshalb fingen wir schon bald an, ein Haus zu
bauen, das die hygienischen Voraussetzungen besaß, um die
Zahnarztpraxis auch einsetzen zu können. Das Geld dafür
spendete uns eine Kirchengemeinde aus Deutschland. Direkt
neben unserem Sportplatz befand sich eine alte Militärbara-
cke mit einem riesigen Dach, die durften wir dafür ausbau-
en. Für Karins Zahnarztpraxis mit dem Behandlungsstuhl
bauten wir extra noch einen kleinen Raum an. Das sprach
sich schnell rum und an manchen Tagen hatte sie 50 oder 60
Patienten zu behandeln. Es gab kaum einen Tag, an dem sie
mit allen Patienten fertig wurde, die gekommen waren. Einige mussten dann bis zum nächsten Tag warten. Also übernachteten sie bei uns auf dem Hof und richteten sich dort
häuslich ein. Sie machten Feuerchen, auf denen sie sogar ihr
Essen kochten. Wir kümmerten uns natürlich auch um die
Leute, spielten mit ihnen, erzählten Geschichten oder übten
Kopfrechnen. Mein Freund Dalins unterrichtete die Leute im
Lesen und Schreiben, während sie auf den Zahnarzt warteten. Das war schon ein tolles Programm, was wir da aufzo-
gen. Natürlich habe ich auch immer wieder etwas von Jesus
erzählt. Die Reaktion war meist die Gleiche: sie spielten meine
Erzählung nach, setzten sie praktisch um.

Derweil managte meine Frau die Zahnarztpraxis. Dort gab
es eigentlich nicht viel mehr als einen ganz einfachen Stahl-

stuhl, der am Boden festgeschraubt war. Darauf mussten sich die Patienten setzen. Da wir nicht genug Narkosemittel zur Verfügung hatten, wurde jeder Patient zunächst angeschnallt. Wenn ein Zahn gezogen werden musste, geschah das ohne Betäubung; auch beim Bohren fehlte die Narkose. Erschwerend kam noch hinzu, dass meine Frau nur über einen ganz alten Bohrer verfügte. Der funktionierte noch mit Pedalantrieb. An der Seite befand sich nämlich ein großes Rad mit ungefähr anderthalb Meter Durchmesser. Neben dem Rad war ein Pedal befestigt, auf dem der Assistent meiner Frau, der Mensa hieß, stand. Der trampelte fortwährend auf das eine Pedal und dadurch bewegte sich das Rad. Mit dem Rad wurde ein Riemen angetrieben, an dessen anderem Ende der Bohrer befestigt war. Wenn meine Frau Karin dann mit diesem Bohrer in den Mundhöhlen der Patienten die Zähne bearbeitete, hörte sich das für mich an wie Straßenbau. Wenn ich das heute meinen Kindern erzähle, lachen sie über diese Geschichte. Mein Kommentar ist dann immer: »Ich hab heute noch Plomben im Mund von damals.«

Ja, Karin arbeitete wirklich Tag und Nacht bis zum Umfallen. Doch das war unser gemeinsamer Dienst: Die Zahnpraxis mit Lese- und Schreibunterricht und Fußball mit »Mother Jesus Stories«. Uns hat das alles eine riesige Freude bereitet.

Dann mussten wir jedoch umziehen, denn der CVJM bat mich, von Takoradi in die Hauptstadt Accra zu kommen, um dort zu wirken. Meine Frau arbeitete dort in einem Krankenhaus und ich spielte wieder Fußball mit den jungen Leuten in Accra. Karin benutzte immer das Auto, um zum Krankenhaus zu fahren. Mittags kam sie dann wieder zurück und kümmerte sich um unsere Tochter. Eines Tages kam sie ganz aufgeregt von der Arbeit nach Hause: »Hör mal,

Fritz, du musst mich begleiten. Ich bin unterwegs überfallen worden. Unterwegs ist eine Umleitung und ich konnte nicht direkt zum Krankenhaus fahren. Jetzt muss ich den Weg über Chocco nehmen, diesen berüchtigten Vorort von Accra, und da haben mich Jugendliche angehalten. Sie wollten Geld haben und erst dann durfte ich passieren.« »Das tut mir leid«, bedauerte ich. Doch sie antwortete: »Von wegen ›tut mir leid‹. Du bist mein Ehemann, du musst mitkommen.« Am nächsten Morgen stieg ich also zu meiner Frau ins Auto. Zur Sicherheit hatte ich den Wagenheber mit nach vorne genommen, um mich verteidigen zu können, wenn die Kameraden tatsächlich wieder kommen sollten. Dann fuhren wir los.

Unter Straßenräubern

Es dauerte nicht lange und wir kamen zur »Umleitung«. Aber es war eine ungewöhnliche Umleitung: Von der Hauptstraße runter führt der Weg direkt zwischen den Hütten und elenden Buden hindurch. An manchen Stellen war da keine Straße, sondern nur ein Sandweg. Ich konnte mir nicht vorstellen, dass das tatsächlich eine offizielle Umleitung sein sollte. Wir waren vielleicht so fünf Minuten gefahren, da ging es plötzlich nicht mehr weiter. Die Straße war aufgerissen, ein großes Loch klaffte mitten in der Straße. Das konnte ich unmöglich mit dem Auto überqueren. Also hielt ich an. Sofort erschienen zwei Jugendliche, die mir die Vorderscheibe beschmierten. Ich konnte überhaupt nichts mehr sehen. Meine Hand suchte schon den Wagenheber, aber wie und wen sollte ich schlagen, solange ich im Auto saß und nichts sehen konnte? Mein nächster Plan war zurückzusetzen. Doch ein Blick in den Rückspiegel verriet mir, dass auch das nicht wirklich eine Option war. Denn dort wartete bereits ein dritter Junge, der mit einem großen Stein in der Hand bewaffnet war. Ich war mir sicher: Wenn ich jetzt zurücksetzte, würde der uns den Stein in die Heckscheibe werfen und wir wären auch dumm dran. Dann schob sich auch schon eine Hand zu mir ins Auto rein. Ich habe Geld drauf gelegt und ab dem Moment war alles klar. Die Jugendlichen säuberten die Scheibe, warfen wieder Erde in die aufgerissene Rinne, wünschten uns eine gute Fahrt und wir konnten unsere Fahrt fortsetzen. Natürlich habe ich geschimpft wie ein Rohrspatz, aber meine Frau riet mir: »Hör mal, schimpfen

bringt überhaupt nichts; du musst etwas für die Leute tun.«
Wenn man verheiratet ist, lernt man allmählich: Wenn eine
Frau etwas will, dann liegt sie einem damit so in den Ohren,
dass man überhaupt nichts anderes machen kann als nach-
geben. Also überlegte ich mir, was ich unternehmen könnte.
Schließlich sagte ich meiner Karin: »Pass mal auf, ich mach
erst mal eine Untersuchung, eine Studie über die Jungs und
Mädchen in diesem Vorort Chocco.«

Leben auf der Straße

Eine Studie ist vom Grundsatz her eine feine Sache; du
schreibst etwas, keiner liest es, aber du hast dein Gewissen beruhigt, denn du hast ja gezeigt, dass du dich damit
beschäftigt und etwas getan hast. Ich bin also in den Ort
gegangen und merkte sofort, dass die Leute in dem Vorort
von Accra alle sehr misstrauisch waren. Dort gab es über-

haupt keine Weißen, ich war der Einzige. Die Leute stierten mich am Anfang nur an. Als ich sie dann ein bisschen näher kannte, warnten sie mich:»Hier gibt es eine Jugendbande, die Mexikobande.«Ich fragte neugierig:»Ist der Chef Mexikaner?«»Nein, nein, das ist ein Afrikaner, die nennen sich nur so. Das sind ungefähr hundert Jungs und Mädchen. Sie bezeichnen sich als»Protektion Union«, als Aufpasserunion. Die kommen bei uns vorbei, bei den Geschäften, bei den Tankstellen und bei den Leuten, die Geld haben, und sagen: ›Wir bewachen euch, jede Nacht, und das kostet so und so viel. Wenn wir euch nicht bewachen, dann könnt ihr sicher sein, dass bei euch eingebrochen wird.«Ich fragte:»Und die Polizei?«»Die haben sie bestochen.«Während ich mich so durchfragte, erschienen vor mir plötzlich drei junge Männer: Ein langer Dürrer und zwei Jungs mit Knüppeln in der Hand. Der Dünne blieb vor mir stehen und fragte:»Bist du von der Polizei?«»Nein, nein«, versuchte ich zu beschwichtigen,»YMCA.«

»Was ist das denn?«Ich versuchte, ihm das zu erklären, was nicht ganz einfach war, denn er hatte schon Schwierigkeiten, die einzelnen Wörter zu verstehen.»›Verein junger Männer‹ verstehe ich ja, aber was heißt denn ›christlich‹?«»Das kommt von Jesus Christus, dem Sohn Gottes«, versuchte ich zu erklären.»Oh«, staunte er,»ich wusste gar nicht, dass Gott einen Sohn hatte.«»Ja, klar doch«, schob ich schnell nach.»Und was machst du hier?«, bohrte er weiter.»Ich guck mich so ein bisschen um – und ich hab gehört, dass ihr auch Fußball spielt; ich bin Fußballtrainer. Ich würde euch gerne trainieren.«»Wir brauchen noch einen Trainer, wir haben große Probleme. Unsere Jungs spielen gerne, aber schießen keine Tore. Denen musst du beibringen, wie man Tore schießt.« »Klar«, sagte ich, » mache ich. Ich bin aber nicht nur Fußballtrainer, ich bin auch gleichzeitig Pastor.«

»Was ist das denn?«, fragte er mich. »Das ist einer, der etwas von Gott und seinem Sohn erzählt.« »Hmm«, war sein Kommentar. »Pass mal auf«, schlug ich ihm vor, »ich mache Folgendes: ich komm an einem Tag in der Woche – am Sonntag. Dann erzähl ich euch die fromme Geschichte und anschließend trainiere ich mit euch.« »O. K.«, stimmte er zu, »komm nächsten Sonntag.« In diesem Moment interessierte es keinen, dass ich eigentlich weder ein ausgebildeter Pastor war – ich hatte schließlich nicht Theologie studiert – noch ein richtiger Fußballtrainer. Beides war ich immer eher so nebenbei.

Am nächsten Sonntag fuhr ich wieder nach Chocco. Mexiko, so hieß der lange dünne Bandenchef, hatte mich für unser Treffen zu einem ganz bestimmten Baum bestellt. Als ich dort ankam, war noch kein Mensch weit und breit zu sehen. Ich wartete zehn Minuten, denn Afrika hat ja keine Zeitprobleme. Hier gilt: »Anytime from now«, was heißt: »Jederzeit von jetzt«. Schließlich sah ich ihn mit seiner Leibwache ankommen. Als er meine Karre sah, pfiff er einmal kräftig durch seine Finger und innerhalb von zehn Minuten waren 100 Jungs und Mädchen unter dem Baum versammelt. »So«, sagte er, »jetzt kannst du hier Pastor machen.« Die Jugendlichen waren alle sehr unruhig, haben sich gegenseitig geschubst und sich an den Haaren gezogen, bis Mexiko eingriff: »Kennst du nicht irgendeinen Trick, damit die ruhig sind?« »Weißt du, bei uns müssen sie beten und dann falten sie die Hände.« »O. K.«, sagte er, »eine gute Idee.« Dann brüllte er: »Faltet eure Hände!« Sie haben natürlich alle sofort gehorcht und schön die Hände gefaltet. Nun konnten sie zwar immer noch mit den Ellenbogen stoßen, aber immerhin waren sie erst einmal ruhig. Ich erzählte ihnen meine biblischen »Mother-Jesus-Geschichte« und sie hörten aufmerksam zu. Als ich fertig war, haben wir auch noch ein paar englische Lieder und Gospels gesungen. Die Jugendlichen hatten zwar keine Ahnung, was sie da sangen, aber sie brüllten in voller Lautstärke mit – genau wie ich. Anschließend gingen wir Fußball spielen.

Dieses Programm spielte sich ein und es lief wieder bestens: Jeden Sonntag feierten wir erst einmal Andacht oder Gottesdienst, dann spielten wir Fußball.

Die Speisung der fünftausend in Accra

Vor allem einen dieser Sonntage werde ich nicht vergessen. An diesem Morgen erzählte ich den Jungs und Mädchen von der Speisung der 5000. Die Geschichte handelt davon, dass Jesus eines Tages zu einer großen Menge von Leuten gesprochen hatte – es sollen über 5000 gewesen sein. Als es dann Abend wurde, sagten die Jünger zu Jesus: »Hör mal, die Leute haben den ganzen Tag zugehört und jetzt wird es schon dunkel; die haben garantiert Hunger.« Sie rechneten wohl damit, dass er die Leute wegschicken würde. Oder warteten sie insgeheim auf ein Wunder? Doch Jesus forderte seine Jünger auf: »Gebt ihr ihnen zu essen.« »Ja, aber«, wandten sie ein, »wir haben ja nur noch so ein paar Brote und ein paar Fische; das ist alles.« Er antwortete nur: »Fangt an!« Also legten sie los und Jesus hat doch tatsächlich ein Wunder geschehen lassen. Es gab plötzlich ausreichend Brot und Fisch. Am Ende waren sogar noch zwölf Körbe von allem übrig; so viel gab es auf einmal zu essen.

Diese Geschichte passte atmosphärisch ganz gut, da der Ort, an dem wir uns trafen, nicht weit vom Meer entfernt war. Man hörte die ganze Zeit im Hintergrund die Brandung. Nach der Geschichte beteten wir dann noch wie immer ein »Vaterunser« zum Abschluss; das hatten sie inzwischen schon prima gelernt. Ich wollte gerade mit meinem normalen Programm weitermachen und mit den Jugendlichen zum Fußballspielen gehen, da hielt mich Mexiko zurück: »Moment mal, ich habe noch ein paar Fragen. Du hast uns ja eben davon erzählt, wie es für 5000 Leute genug zu essen gab.« »Ja«, erwiderte ich leutselig. »Glaubst du das?« »Ja sicher«, bekräftigte ich, »ich glaube das.« Mexiko ließ nicht locker: »Glaubst du auch, dass das heute passieren kann?« »Ja!« »Aha«, sagte er, »dann werden wir Folgendes machen. Du weißt ja, dass wir alle das Problem haben, dass wir arbeitslos sind. Wir sind aus unseren Dörfern in die Stadt gekommen, weil es da nicht genug zu essen gab. Deshalb klauen wir auch, weil wir Hunger haben. Du erzählst uns jetzt den ganzen Tag die Mother-Jesus-Geschichten und am Abend fragst du deinen Chef da oben, ob er uns auch zu essen gibt – funktioniert das?«

Ich habe versucht, mich herauszureden: »Ich weiß es nicht, Mexiko, ob der das macht und ob das heute möglich ist.« Daraufhin fragte er berechtigterweise: »Warum erzählst du uns dann solche Geschichten?«

Das hat mich umgehauen. Anscheinend hatte ich gedacht, dass ich es mir mit der Arbeit hier leicht machen könnte: Spiele etwas Fußball mit den jungen Leuten und erzähle schöne Geschichten. Doch an ihrem eigentlichen Problem bin ich dabei locker vorbeigegangen: Dass sie zum Beispiel nichts zu essen hatten und auch keinen Beruf besaßen.

An diesem Abend fuhr ich nachdenklich wieder nach Hause. Ich redete mit meiner Frau darüber und dann hatte ich einen Entschluss gefasst: Ich wollte den Jugendlichen helfen und etwas für sie tun, um bei der Lösung ihrer Probleme zu helfen. Ich wollte ihnen eine Arbeit besorgen, damit sie auch einmal erfahren könnten, wie das ist, einen Beruf zu haben.

Also machte ich mich auf den Weg und marschierte von Firma zu Firma. Überall stellte ich die gleiche Frage: »Haben sie einen Arbeitsplatz für meine jungen Leute?« Daraufhin wurde ich zurückgefragt: »Was haben die denn gelernt?« Ich konnte natürlich schlecht sagen einbrechen, Autos knacken, Leute erpressen und solche Dinge. Also war ich ehrlich und antwortete: »Nichts.« »Ja, dann können sie auch keine Arbeit bei uns bekommen.« Da wurde mir deutlich: Die Jugendlichen brauchen unbedingt eine Berufsausbildung.

Unsere Berufsschulen am Straßenrand

Eine ganze Weile zerbrach ich mir den Kopf darüber, wie ich das mit der Ausbildung nur anstellen könnte. Zum Glück hat Gott uns Menschen ja mit Fantasie beschenkt, und so wurde mein Plan allmählich konkreter. Zunächst fragte ich Mexiko: »Kommt ihr denn, wenn wir so eine Ausbildung machen?« »Ja, wir kommen«, versicherte er.

Also fällten wir ein paar Bäume und fingen am Straßenrand, wo viel Betrieb war, mit dem Bau einer Schreinerwerkstatt an. Ich fand einen jungen Schreiner, den ich anstellte. Das Geld dafür bekamen wir von Freunden aus Deutschland. Der Schreiner hatte die Aufgabe, den Jugendlichen das Schreinern beizubringen – mit meinen zwei linken Händen konnte ich zwar Geschichten erzählen, aber Handwerk war einfach nicht mein Ding. Er erklärte, wie man Stühle oder Betten mit ganz einfachen Mitteln baut. Die Leute, die vorbeikamen, waren sehr interessiert an unserer Arbeit und kauften viele Artikel. Das hat uns riesig gefreut und uns sehr motiviert.

So kam es, dass an jedem Morgen etwa 80 bis 100 Jugendliche aus Chocco gemeinsam mit Mexiko in unserer Straßenrand-Werkstatt auftauchten. Zuerst hielt ich eine Andacht, denn das wollten die Jugendlichen so und ich war auch dafür. Nach dieser Portion Jesus bekamen sie dann etwas zu essen; es gab Foufou, den typischen Brei aus Maniok und Kochbananen, den sie mit ihren Fingern in sich hineinstopften. Danach legten wir los und arbeiteten. So wurde ich zum Berufsschulleiter, Mexiko wurde mein Assistent und der Schreiner war unser Ausbilder.

Der Bundespräsident und ich

Eines Tages hielt ein riesiger Mercedes vor unserer improvisierten Schreinerei. Die Tür öffnete sich und der deutsche Botschafter stieg aus. Er trug einen Anzug und die dazu passende Krawatte – und passte damit so gar nicht zu unserem Straßenbetrieb. Er begrüßte mich: »Sind Sie der Herr Pawelzik?« »Ja, der bin ich«, bestätigte ich. Er verlor keine große Zeit mit Floskeln: »Das ist ja interessant, was Sie hier machen. Das möchte ich gerne unterstützen, denn die Berufsausbildung ist ja so wichtig in Afrika.« »Ja, sicher«, antwortete ich, »wir nehmen gerne jedes Geld.«

»Wissen Sie, Herr Pawelzik, ich denke da weiter. Der deutsche Bundespräsident, Heinrich Lübke, ist sehr an Afrika interessiert. Er möchte, dass die Menschen viel mehr eiweißhaltige Nahrung hätten, denn das würde viele Probleme dieser Welt lösen. Wenn Sie das nächste Mal auf Urlaub in Deutschland sind, dann mache ich mit Ihnen beim Bundespräsidenten Lübke einen Termin.« »Ist schön, ja, ja«, war alles, was ich noch herausbrachte; so verdattert war ich.

Kurze Zeit später kam ich dann auf Urlaub nach Deutschland und da lag doch tatsächlich eine Einladung in die Villa Hammerschmidt für mich bereit, die Residenz des Bundespräsidenten Lübke. Damals befand sich die Bundesregierung ja noch in Bonn. Meine Schwester sorgte dafür, dass ich mir einen Schlips umband, und von meinem Schwager lieh ich mir sowohl ein Jackett als auch eine Ente – also das kleine Auto, nicht das Tier. Damit fuhr ich dann nach Bonn.

Da es damals großen Ärger mit den Terroristen der RAF gab, wurde ich furchtbar intensiv untersucht – meine Ente sah eben nicht so aus wie all die anderen Staatskarossen, die da sonst so vorfuhren. Anschließend tuckerte ich die herrliche Auffahrt zur Villa Hammerschmidt hoch. Oben angekommen, riefen alle nur: »Weiterfahren, weiterfahren, das ist hier nur für Staatsgäste!« Aber ich war ja ein Staatsgast und zeigte brav meinen Brief vor. Trotzdem sollte die Ente weg. Erst wollte einer der Bediensteten sie selbst wegfahren, konnte aber nicht, weil er mit der Revolverschaltung des Wagens nicht zurechtkam. Also musste ich die Ente doch selbst wegfahren. Als ich schließlich die Villa betrat, stand ich in einem herrlichen großen Foyer, doch ich fühlte mich da nicht so ganz wohl. Überall standen, saßen oder liefen vornehme Herren und elegante Damen herum.

Schließlich erschien der Bundespräsident und fragte: »Wo ist denn unser Afrikaner?« Ich meldete mich: »Hier!« »Oh«, sagte er, »Sie sehen aber gar nicht afrikanisch aus.« »Nee, nee«, erwiderte ich, »ich komme aus dem Kohlenpott, aber ich arbeite in Afrika.« »Ach, aus dem Ruhrgebiet. Ich komme aus dem Sauerland, da sind wir ja sehr gute Freunde.« Das war mir zwar völlig neu, aber ich stimmte ihm trotzdem zu. »Na, dann kommen sie mal rein.« Der Staatssekretär des Bundespräsidenten raunte mir zu, dass ich zehn Minuten hätte, nicht länger, der Bundespräsident sei sehr beschäftigt. Ich setzte mich und er bat mich: »Erzählen Sie mal, was Sie machen.« Ich habe ihm dann die ganze Geschichte erzählt von meiner Arbeit als Berufsschullehrer, Pastor und Fußballtrainer. Er schaute mich ganz ergriffen an und bemerkte: »Das will ich unterstützen. Wissen Sie, was wir machen? Eine richtige deutsche Berufsschule, an der die jungen Leute drei Jahre lang ausgebildet werden.« Wir spannen gemeinsam den Gedanken weiter und ich sagte: »Am Anfang ist es auch gut, wenn wir deutsche Lehrer haben, die dann ihr Können weitergeben.« »Ja, und dann sollten wir auch noch ein Wohnheim für die Jugendlichen bauen, denn die haben ja noch gar keine Unterkunft.« »Ja, genau, dafür sollten wir auch sorgen«, bestätigte ich den Bundespräsidenten. Er redete weiter und weiter und ich ließ irgendwann auch noch einfließen, dass die jungen Leute vielleicht noch eiweißhaltige Nahrung gebrauchen könnten, was dem Bundespräsidenten natürlich gefiel. Nach einer Weile hatte er dann einen Entschluss gefasst: Wissen Sie was – ich übernehme die Schirmherrschaft für diese Arbeit.«

In der Zwischenzeit war der Staatssekretär immer wieder hereingekommen und hatte auf seine Uhr gedeutet. Doch der Bundespräsident wiegelte nur ab: »Nein, nein, wir bleiben hier.« Am Ende waren wir zwei Stunden zusammen. Dann schrieb die Sekretärin eine Sammelliste und ich versprach, sammeln zu gehen.

Als die Liste dann fertig getippt war – wunderschön mit entsprechendem Briefkopf und mit dem Hinweis auf die offizielle Schirmherrschaft von Dr. Heinrich Lübke, hatte ich eine Idee: »Wissen Sie, Herr Bundespräsident, wenn ich mit der Liste losgehe, dann ist es wichtig, dass vorne als erste Person jemand steht, der einen ordentlichen Betrag beisteuert.« »Ich weiß schon, was Sie wollen – Sie möchten, dass ich da vorne stehe.« »Ja«, bestätigte ich, »das wäre wunderbar.« »Was halten Sie davon, wenn ich 80 000 DM eintrage?« »Ja, das ist sehr gut.« Und so geschah es dann auch.

Ich bin anschließend mit der Liste sammeln gegangen, bei diversen Firmen und auch bei einer Zentralstelle für

Entwicklungshilfe. Auf diese Weise kamen insgesamt 2,8 Millionen D-Mark zusammen. 2,8 Millionen! Damit haben wir in Accra eine Berufsschule gebaut, die dort heute noch steht. Außerdem wurde ein Wohnheim errichtet, in das die Jungs nach und nach einzogen. Das Geld langte sogar noch für eine Maurerwerkstatt, die wir zusätzlich bauten. Dann überlegten wir, wer denn Heimleiter werden sollte. Mexiko meinte dazu nur trocken: »Ich mache das.« Der Leiter der Berufsschule hatte Bedenken: »Wir können doch keinen Straßengangster zum Heimleiter einsetzen.« Aber ich liebte schon immer das Risiko und entschied: »Der Mexiko macht das.«

Fritz und ein einheimischer Mitarbeiter

Mexiko trat diese Stelle auch an und entwickelte sich zum besten Heimleiter, den es nur geben konnte. Es herrschte Ruhe und Ordnung, er hatte immer seine Leibgarde dabei, die aufpasste, dass es keinen Krach gab. Die Jungs trauten sich nachts kaum auf die Toilette, weil sofort jemand von der Leibgarde da war und schaute, woher die Geräusche kamen. Es war eine herrliche Sache, mit Mexiko in dieser Schule zu arbeiten. Wir wurden darüber hinaus auch sehr gute Freunde, Mexiko und ich. Wenn man sich überlegt, wie das alles angefangen hatte …

In der ersten Zeit unterrichteten deutsche Lehrer an der Schule. Auch sonst halfen sie mit bei dem Aufbau. Dann wurde irgendwann der erste Afrikaner als Lehrer eingestellt. Er hieß Moses Quoschi und hatte zuvor bei den Deutschen das Handwerk gelernt. Man hatte ihm auch beigebracht, wie er als Lehrer die Schüler unterrichten konnte. Nach einiger Zeit wurde er sogar der Leiter der Schule, was er bis heute noch ist.

Wie Mexiko Menschenfischer wird

Mexiko und ich wurden richtig gute Freunde. Selbst meine Frau, die ihm gegenüber anfangs ein bisschen misstrauisch war und immer meinte, man würde ihm doch anmerken, dass er ein Straßengangster gewesen sei, fasste langsam Vertrauen zu ihm. Wenn wir mal ausgingen, blieb Mexiko bei unseren Kindern. Mittlerweile hatten wir Nummer zwei bekommen und auch Nummer drei ließ nicht lange auf sich warten. Mexiko war auch bei uns zu Hause, wenn ich schwimmen ging – wir wohnten damals ja direkt am Meer. Er hat trotzdem immer mit dem Kopf geschüttelt und gewarnt: »Wenn du untergehst, ich kann dich nicht rausholen.«

Es gab aber eine Sache, bei der war Mexiko sehr misstrauisch: Er wollte eigentlich von diesem Jesus nichts wissen. Er glaubte zwar an Gott, aber das war ihm auch schon genug. Aber die Gebote und so Dinge wie ordentlich oder auch angepasst sein, dass lag ihm überhaupt nicht. Wir haben uns zwar öfter darüber unterhalten, aber aufdringlich werden wollte ich auch nicht. Das sollte sich jedoch an einem wunderschönen Morgen ändern. Mexiko hatte nachts wieder auf unsere Kinder geachtet, denn wir kamen spät nach Hause. Wie fast jeden Morgen ging ich schwimmen. Nach meinem Morgensport schlenderte ich am Strand entlang, um trocken zu werden. Damals gab es dort noch ein kleines Dorf, in dem Fischer wohnten – heute ist das Dorf leider nicht mehr da. Die Fischer legten an diesem Morgen gerade ihre Netze aus. Das funktionierte so: Ein Fischer fuhr mit einem Ende des Netzes vom Strand aus in einem Halbkreis aufs Meer hinaus und kam vielleicht 30 oder 40 Meter weiter wieder mit dem Strick ans Land zurück. Während er das tat, stand die Hälfte des Dorfes an dem einen Ende des Netzes und hielt den Strick fest. Die andere Hälfte der Dorfbewohner stand an der Stelle des Strandes, an der das Boot wieder an Land kam. Diese Leute nahmen nun das andere Ende des Netzes in die Hände: Das Netz bildete nun draußen im Meer einen Halbkreis. Das geschah alles bei Flut. Wenn dann die Ebbe kam, hielten die Fischer das Netz fest und die Fische blieben in dem Netz zurück. Die härteste Arbeit stand aber noch bevor, denn jetzt mussten die Dorfbewohner die Netze vom Meer zurück an den Strand ziehen. Das taten sie in einem ganz speziellen Rhythmus: Sie gingen immer erst zwei Schritte zurück und zogen dabei das Netz zum Strand, dann gingen sie einen Schritt vor und gaben das Netz nach; dann wieder zwei Schritte zurück und einen Schritt vor, zwei Schritte zurück, ein Schritt vor und immer so weiter. Damit das nicht langweilig wurde und vor allem gleichzeitig passierte, gab es einen Trommler, der den Rhythmus schlug. Eins, zwei, drei, eins, zwei, drei ... Die Afrikaner lieben ja Trommeln und man begegnet ihnen überall, bei Ritualen, bei Festen, im Alltag – Trommeln gehören dazu. Während nun der Trommler seinen Rhythmus hielt, erzählten die Leute sich Geschichten. Ein Geschichtenerzähler lief umher und erzählte zwei Sätze – für jeden Schritt einen. Der letzte Satz wurde dann immer von den Zuhörern wiederholt. Eins, zwei, drei. Wunderschön war das. Eines Morgens kamen Mexiko und ich dort zusammen vorbei, da rief man uns zu: »Ei Obruni«, so nannten sie die Weißen, »Weißer, kannst du nicht ziehen helfen?« Mexiko und ich reihten uns sofort ein. Wir stellten uns auch an das Netz und zogen mit, Mexiko vor mir, ich hinter ihm. Zwei Schritte zurück, einen wieder nachgeben, zwei zurück, einen nachgeben.

Plötzlich rief einer: »Wir haben keine Geschichte mehr.« »Oh«, sagte Mexiko, »der Obruni hier, der kann gute Geschichten erzählen.« »Ja«, riefen alle, »erzähl uns eine Geschichte!« Ich überlegte kurz, was ich denen erzählen sollte. Mir fiel dann die biblische Geschichte vom Fischzug des Petrus ein: Jesus hatte wieder mal am See Genezareth gepredigt. Als er fertig war, forderte er Petrus auf, mit dem Boot auf den See zu fahren und die Netze auszuwerfen. Petrus hatte jedoch schon die ganze Nacht gefischt, allerdings ohne Erfolg. Trotzdem sagte Jesus: »Fahr noch einmal raus!« Petrus wusste aus Erfahrung, dass man tagsüber am See Genezareth keine Fische fangen kann. Doch weil Jesus es gesagt hatte, fuhr er erneut raus – und fing so viele Fische, dass sein Boot randvoll war. Da hat er gemerkt, welche Macht Jesus besaß, und fiel vor ihm auf die Knie. Darauf sagte Jesus zu ihm: »Petrus, fürchte dich nicht. Von jetzt an wirst du Menschenfischer sein.« Diese Geschichten erzählte ich, während wir das Netz einholten. Die Leute hatten alle sehr genau zugehört, denn sie mochten ja Geschichten, und diese war sehr passend. Das merkte ich aber erst, als ich mit der Geschichte zu Ende war. Alle, auch Mexiko, waren nun sehr gespannt, was noch kommen würde. Da habe ich etwas getan, was ich vorher noch nie in meinem Leben getan hatte und auch danach nie wieder, nur dieses eine Mal: Ich legte Mexiko meine Hand auf die Schulter, er drehte sich zu mir um und ich fragte ihn: »Mexiko, willst du Menschenfischer werden?« Er starrte mich nur an, nickte und rief laut: »Ja!« So wurde Mexiko mein Nachfolger in Ghana. Als ich später das Land verließ, hat er meine Arbeit weitergeführt. Er wurde ein frommer »Schluffen«, wie wir so im Ruhrgebiet sagen, und er ist es bis heute. Er sagte immer: »Du bist mein Vater und ich bin dein Sohn, Nana Fritz, Kammi.«

Unsere fröhliche Blechkirche

Als wir damals mit der gesamten Familie in Ghana ankamen, brachte Dalins uns an Heiligabend zu seiner Kirche. Das war eine presbyterianische Kirchengemeinde. Das Gebäude war auf einem Schuttabladeplatz aus Blech errichtet worden. Blech bedeutete: Zusammengekloppt aus auseinandergefalteten Kanistern, dazu noch Plastik und Holz – eine richtig wackelige Angelegenheit. Als ich nach Ghana kam, gab es noch nicht viele Christen im Land. Heute sind es bedeutend mehr, was allerdings nicht an mir lag, sondern vielmehr daran, dass die Afrikaner viel von dem übernommen haben, was die ausländischen Missionare predigten. Dadurch wuchs der Glaube der Menschen und die Kirche an sich enorm.

Aber »unsere« Kirche war eben nur eine alte Blechhütte, die auch bloß am Sonntag zum Gottesdienst benutzt wurde. Während der Woche diente sie als Schule. Unser Pastor, den wir nicht für dessen Dienste bezahlen konnten, war gleichzeitig Lehrer und unterrichtete während der Woche die Kinder in der Schule.

Eigentlich war die Kirche nur ein großer Raum, der in viele kleine Räume eingeteilt wurde, wenn die Kinder kamen. Das war zwar schon etwas lauter, als wenn jeder Raum tatsächlich für sich gewesen wäre, aber einerseits kannten die Schülerinnen und Schüler es ja gar nicht anders und andererseits gewöhnte man sich auch irgendwie daran. Nachts, wenn die Kinder nach Hause gegangen waren, trieb der Pastor seine Schafe und Hühner in die Kirche hinein. Mit den

Schäfchen waren nicht im übertragenen Sinn die Gemeindeglieder gemeint, sondern seine Haustiere; die übernachteten nämlich tatsächlich in der Kirche. Morgens, wenn die Schüler kamen, jagte er die Schafe, die Ziegen und auch die Hühner wieder hinaus. Im Anschluss wurde der Raum durchgefegt und alles, was es da an Rückständen gab, wieder aufgewischt. Allerdings verbreiten die Ziegen nun einmal einen ganz eigenen scharfen Geruch. Wenn wir sonntags zum Gottesdienst kamen, stank die ganze Kirche immer noch nach Ziege. Wir dann auch, wenn wir da zwei Stunden drin saßen – so lange dauerte ein Gottesdienst mindestens. Darum nannten wir uns immer »goatig presby«, die Ziegenpresbyterianer.

Es war immer schön, sonntags mit meiner Frau dort in die Kirche zu pilgern. Wenn man ankam, umarmten sich alle Leute. Die dicken Mamis drückten mich so sehr an sich, dass meine Frau schon sagte: »Jetzt ist aber mal genug.« Die Kirche war meist voll besetzt. Wir saßen alle auf den Bänkchen, auf denen sonst die Kinder saßen, einer neben dem anderen, eng aneinandergedrückt. Und alle schwitzten, weil es so heiß war. Man wusste nie, welcher Schweiß bei einem den Arm runterrann – der eigene oder der Schweiß des Nachbarn. Kräftig gesungen wurde natürlich auch, und das ohne Orgel oder andere Melodieinstrumente, nur mit Trommeln. Ich habe die erste Zeit nicht mitgesungen, bis mich eines Tages mein Nachbar fragte: »Kannst du denn nicht singen?« »Nee«, gab ich zu, »ich kenn den Text nicht.« »Ja«, meinte er, »ich auch nicht. Aber du kannst doch Halleluja singen und Hosianna, wenn du den Text nicht weißt.« So habe ich dann afrikanisch singen gelernt.

Uns gefiel auch, wie nett und unkompliziert die Afrikaner mit den Kindern in der Kirche umgingen. Wenn die Kirche voll besetzt war und alle eng nebeneinander saßen, waren da auch Mütter dabei, die ihre jungen Kinder hinten auf den Rücken gebunden hatten. Fing nun ein Kind an zu weinen, wusste die Mutter sofort, was zu tun war. Falls das Kind Hunger hatte, packte sie einfach ihre Brust aus und legte das Kind mitten in der Kirche an. Schon war Ruhe. Etwas anders war es, wenn das Kind mal musste. In dem Fall nahm sie ihr Kind aus dem Tuch und drückte es dem Nachbarn in die Hand. Der reichte das Kind weiter bis zum Fenster. Manchmal tröpfelte es zwar ein wenig, aber das konnte man auch wieder abwaschen. Derjenige, der am Ende der Sitzreihe saß, hielt dann das Kind aus dem Fenster raus und wartete, bis alles runtergeflossen oder geplumpst war. Dann wurde das Kind wieder zurückbugsiert. Das werde ich nie vergessen, denn wir hatten ja auch ein kleines Baby.

Einmal saßen wir mit unserer Tina in der Kirche, als sie plötzlich anfing zu klettern. Also gab mir meine Frau den Auftrag, zu unserem Auto zu gehen und die Flasche zu holen. Eine der afrikanischen Frauen hatte jedoch schon bemerkt, dass meine Frau versuchte, Tina irgendwie zu bändigen. Sie kam auf uns zu und fragte: »Sister, no milk? – Schwester, hast du keine Milch?« »Nein«, antwortete meine Frau. »Na, dann gib mal her!« Dann nahm sie unsere Tochter in den Arm, packte ihre pechschwarze Brust aus und legte unsere Tochter an. Die begann sofort kräftig daran zu nuckeln, und die ganze Kirche klatschte Beifall.

Vielleicht wurde hier ja schon die Weiche dafür gestellt, dass unsere Tochter später einen farbigen Amerikaner geheiratet hat …?

In unserer Kirche war also immer etwas los. Jeder Gottesdienst begann offiziell, indem wir das Lied »Gott ist gegenwärtig« sangen. Jeder in seiner Sprache – und es waren mindestens fünf oder sechs Sprachen in unserer Kirche vertreten. Das war einfach wunderbar! So wie in Afrika habe ich nirgendwo die Anwesenheit Gottes empfunden, denn wir alle glaubten an das, was wir sangen. Nach diesem speziellen Lied wurde noch kräftig weitergesungen, denn Singen war immer wichtig.

Danach kamen die Predigten dran. Wir kamen immer in den Genuss von fünf Predigten, denn jeder sollte in seiner Muttersprache angesprochen werden. Denn es gab Arranti, Aranta, Fanti, Quii, Ewe und wie die alle in Ghana hießen. Nachdem wir so zwei- oder dreimal zur Kirche gegangen waren, nahm mich der Pastor zur Seite: »Hör mal, Kammi, ich habe gehört, dass deine Frau keine Engländerin ist. Die muss doch die Predigt auch in ihrer Muttersprache hören.« »Sie spricht Finnisch«, erwiderte ich, »das kann ich nicht.« Er wirkte etwas enttäuscht, weshalb ich ergänzte: »Sie gehört aber auch zur Schwedisch sprechenden Minderheit in Finnland. Und ich kann Schwedisch.« »Ja«, strahlte er, »dann hältst du am nächsten Sonntag eine Predigt auf Schwedisch, damit deine Frau sich nicht einsam fühlt.« Meine Frau wiegelte sofort ab, als das rauskam: »Mach das nicht, du kannst doch kein richtiges Schwedisch.« Aber ich bereitete mich akribisch auf die Predigt vor. Mit einem Wörterbuch. Einen Haken gab es aber doch, denn es war gerade Passionszeit, in der man besonders ernst predigen musste. Der Text handelte vom Opfer Jesu. Am nächsten Sonntag gingen wir wieder zur Kirche und nach fünf Predigten war ich mit der sechsten Predigt an der Reihe. Jede Predigt durfte bei uns jeweils nur zehn Minuten dauern. Wenn die Prediger länger sprachen, riefen die Leute laut »Amen«. Und wenn sie dann immer noch nicht aufhörten, fingen die Leute an zu klatschen, womit die Predigt dann sowieso zu Ende war. Doch so weit war es noch nicht, ich fing ja erst einmal an. Auf Schwedisch. Ich sah schon gleich, wie meine Frau grinste. Natürlich verstand keiner außer ihr etwas; und ich glaube, auch sie verstand nur ganz eingeschränkt, was ich da von mir gab. Jedenfalls lachte sie auf einmal laut auf und rief mir zu: »Sprich doch auf Deutsch weiter, ich kann doch Deutsch!« Das war eine gute Idee. Also predigte ich auf Deutsch weiter. Als ich meine Ausführungen beendet hatte, kam der Pastor nach vorne und verkündete: »Liebe Gemeinde, habt ihr den Heiligen Geist wirken gesehen? Habt ihr das gesehen? Erst fing unser Bruder recht stockend an mit seiner Predigt. Da hat sogar seine Frau gelacht. Doch auf einmal legte er los, da hatte er ganz andere Worte und die Frau war ganz bei der Sache.« »Nee«, widersprach ich, »nee, das war nicht der Heilige Geist, ich hab nur von Schwedisch auf Deutsch umgeschaltet, weil das meine Muttersprache ist.« »Ja«, interpretierte er, »das hat ihm der Heilige Geist gesagt!« So war das in unserer Kirche.

Kollekte sammeln war auch ein nettes Kapitel. Da mussten alle nach vorne tanzen und Geld einlegen. Oder sie kamen mit einem Teller noch mal vorbei. Einmal habe ich Geld daraufgelegt, worauf die Tellerträgerin meinte: »Bruder«, so nannten sie einen immer, »das ist nicht genug.« Darauf hat sie einen Schein aus ihrem Büstenhalter genommen, auf den Teller gelegt und mir zugeflüstert: »Nächsten Sonntag bringst du mir den wieder zurück.« Es war eine herrliche Kirche, in der wir uns sehr wohlgefühlt haben.

Noch etwas werde ich auch nie vergessen: Als ich in Takoradi war, starb meine Mutter in Deutschland. Ich wurde durch ein Telegramm darüber informiert, das natürlich auf Deutsch verfasst war. Aber irgendwie hatte der Postbeamte trotzdem herausgefunden, was da geschrieben stand. Er kam zu mir gerannt mit dem Telegramm in der Hand und heulte. Dann überreichte er mir die Nachricht und schluchzte: »Deine Mutter ist gestorben.« Das warf mich natürlich erst einmal etwas aus der Bahn. Da ich im Büro in der Schule war, die wir dort aufgebaut hatten, fuhr ich sofort nach Hause zu meiner Frau, um ihr das mitzuteilen. Wir waren kaum zusammen, da erschien ein Taxi mit Leuten von unserer Gemeinde vor dem Haus. Kurz darauf kamen Lastwagen voll bepackt mit Leuten, die sich bei uns im Hof versammelten und zusammen mit uns um meine Mutter trauerten. Sie fragten mich: »Wie hieß deine Mutter?« Ich antwortete: »Anna.« Und dann beteten sie für Anna. Die ganze Nacht. Sie sagten zu uns beiden: »Geht schlafen, wir wachen und beten für euch.«

Ich flog zur Beerdigung nach Deutschland, doch während der ganzen Zeit waren immer drei bis vier Frauen bei meiner Frau, damit sie sich nicht einsam fühlte. Das ist für mich der Unterschied zu Deutschland; hier bekundet man herzlich Beileid und damit hat sich die Sache, Feierabend. Aber in Afrika haben sie das Leid gemeinsam mit uns getragen. Und darum gehören wir nach Afrika.

Der richtige Mann für Afrika

Ich habe mir in meinem Leben nie darüber Gedanken gemacht, was morgen sein wird. Deshalb habe ich auch noch
nie in meinem Leben eine Bewerbung geschrieben. Heute ist
das so wohl gar nicht mehr möglich, aber ich habe überall
etwas geschenkt bekommen und ich weiß auch, warum das
so ist: Ich habe einen guten Chef, der das alles für mich regel-
te. Genauso war das auch in Ghana. Die Projekte liefen einfach: Erst die Berufsschule für die Jungen, dann eröffneten
wir in Takoradi auch noch eine Berufsschule für Mädchen,
in der sie Schneiderin und Köchin lernen konnten.

Der YMCA in Ghana – Start eines großen Projektes

Später wollten wir auch in Apedua, das in der Mitte Ghanas
liegt, einige Projekte umsetzen. Wir hatten gerade mit den

Planungen begonnen, als mich meine Frau fragte: »Hör mal, was machen wir denn, wenn unser Job in Ghana zu Ende ist?« Frauen sind da vielleicht ein bisschen anders als wir Männer, denn sie fragte das häufiger. Und ich konnte immer nur antworten: »Ja, das möchte ich auch mal wissen.«

Eines Tages schneite Post ins Haus. Es war die Einladung zu einem Kongress in Addis Abeba, der Hauptstadt von Äthiopien. Dort wollten sich die afrikanischen CVJM-Verbände und ihre Partnervereine aus Amerika und Deutschland treffen, um gemeinsam zu beraten, wie man am besten ein Mitarbeiterschulungsprogramm für Afrika organisieren könnte – ein sogenanntes »Leadership Developement Program«. Jeder sollte sich schon vorher ein paar Gedanken darüber machen, denn man wollte das Programm zusammenstellen und außerdem einen Mann wählen, der das Programm federführend leiten sollte. Weil man mir auch gleich das Flugticket von Accra nach Addis Abeba spendiert hatte, nahm ich die Einladung natürlich mit Freuden an.

In Addis Abeba saßen wir dann zusammen: lauter kluge Leute, hochakademisch gebildet; ich konnte ja nur ein bisschen Soziologie vorweisen, das war alles. Wir debattierten über die Inhalte des Mitarbeiterschulungsprogramms und am Ende setzten sich vier Punkte durch: Motivation, also Bibelarbeit, klassische CVJM–Arbeit, Sozialarbeit und Buchführung.

Abschließend wurde dann noch nach dem Mann gefahndet, der das umsetzen sollte. Zuerst legte man Kriterien fest, die der Kandidat erfüllen sollte. Die waren ganz schön hart, denn der Mann musste so eine Art Engel sein und dazu noch hochqualifiziert. Es wurde geredet und geredet, auch ich beteiligte mich eifrig an der Suche. Bis auf einmal der Vorsitzende zu mir sagte: »Fritz, geh mal bitte raus!« Ich dachte, das kann doch nicht wahr sein, was soll ich draußen? Zähneknirschend habe ich ungefähr fünf Minuten draußen gewartet, da riefen sie mich wieder rein: »Wir haben dich gewählt, du sollst der Mann sein.« Da war ich vollkommen sprachlos. »Dazu kommt auch noch ein Stipendium. Die Fulbright-Stiftung wird dein Studium in Amerika bezahlen. Dieses Studium brauchst du zur Vorbereitung auf deine Arbeit.«

Natürlich fragte ich mich, wie es zu dieser Entscheidung kommen konnte. Also forschte ich etwas nach und suchte einen guten Freund auf. Dan war ein farbiger Amerikaner, der in Liberia als Bruderschaftssekretär arbeitete. »Hör mal, Dan, ich kann das gar nicht glauben. Wer steckte denn dahinter? Ich bin mir sicher, dass mich der Sandy Freaser aus England vorgeschlagen hat.« Da schaute er mich an und antwortete: »Fritz, das darfst du nicht weitersagen: das war der Einzige, der gegen dich war.« Manchmal erlebt man Dinge im Leben, die sind einfach unfassbar.

Wir trafen also unsere Vorbereitungen und flogen nach Amerika, meine Frau, unsere drei Kinder und ich. Da meine Frau meist genau wusste, was sie wollte, hat sie gefordert: »Wenn ich nach Amerika mitkomme und du da studierst, dann möchte ich auch studieren: und zwar Kieferchirurgie.« Deshalb nahmen wir noch ein älteres finnisches Mädchen mit, das auf die Kinder aufpassen sollte.

Mein Plan war ursprünglich, nur ein »Allgemeiner Student« zu sein. Das war eine besondere Form des Studiums, die mir lag: Man besucht die Vorlesungen, bekommt darüber auch eine Bescheinigung, muss aber keine Prüfungen ablegen. Die Universität, an der ich mich anmeldete, war die

University of Chicago, eine wirklich vornehme Hochschule, aus der schon 28 Nobelpreisträger hervorgegangen sind. Auch Barak Obama hat dort studiert – und Fritz Pawelzik; wirklich eine ganz tolle Schule.

An meinem ersten Tag begab ich mich zu meinem Professor. Der hieß Maslow und war ein richtig berühmter Mann, was ich allerdings damals gar nicht wusste. Seine »Erfindung«, die Maslowsche Bedürfnispyramide, lernt wohl jeder kennen, der einen sozialen Beruf studiert, und zwar nicht nur in Amerika, sondern in der ganzen Welt. Ich stand also vor Herrn Maslow und er fragte mich, was ich mit meinem Studium eigentlich anfangen wollte. »Ich möchte hier studieren und anschließend muss ich in Afrika ein Programm zur Mitarbeiterschulung entwickeln«, antwortete ich ihm. »Aha«, sagte er, »gut, dann machen Sie einen Magister in Sozialwissenschaften.« Mir kamen sofort Bedenken: »Aber ich bin doch gar nicht qualifiziert.« Er aber ließ sich nicht beirren. »Doch, das machen Sie. Und ich helfe Ihnen dabei.« Dann setzte er sich hin und entwarf ruck, zuck ein Programm für mich. Das war hart, grauenhaft hart. Ich musste mich erst einmal richtig auf Englisch einstellen, korrektes Englisch studieren. Siegmund Freud kann man schon kaum auf Deutsch lesen und verstehen, aber ich sollte ihn auch noch auf Englisch verstehen; das war unerhört hart. Dazu kam, dass meine Frau ja gleichzeitig Kieferchirurgie studierte. Zusätzlich mussten wir auch noch arbeiten gehen, denn das Geld reichte nicht für das Studium. Unser deutsches Geld war nicht viel wert und alles war in den USA teuer. Wir kamen kaum über die Runden.

Offene Türen in Chicago und anderswo

Unser Tagesablauf in Amerika sah wie folgt aus: Ich stand morgens um vier Uhr auf, legte mich in kaltes Wasser, damit ich richtig wach wurde, paukte ungefähr eine Stunde und ging dann zum Arbeiten auf einem Schlachthof. Dort musste ich die Schweinehälften auf der Schulter von einem Raum in einen anderen tragen; heute wird das maschinell erledigt. Meine Frau hatte einen Job als Kellnerin. Und das alles noch neben unserem Studium. Es war ein ziemlich hartes Programm.

Ich kann mich noch sehr gut an den ersten Winter in Chicago erinnern, denn Chicago hat ein ziemlich extremes Wetter. Im Sommer kann es glühend heiß sein und im Winter eiskalt. Die Eiseskälte kommt direkt vom Nordpol herabgezogen und es gibt keine Gebirge, die sie aufhalten könnten. Entsprechend kommt die Sommerhitze ungehindert aus dem Süden, direkt aus dem Golf von Mexiko. In Chicago gibt es den Spruch: »You don't like the weather? Wait ten minutes.« Das bedeutet: Wenn dir das Wetter nicht gefällt, warte zehn Minuten.

In diesem Jahr war der Winter brutal hart. Ein Blitzeis jagte das andere. Die Straßen waren voller Eis und Schnee. Ich hatte einen Wagen, dessen Reifenprofile schon bessere Tage gesehen hatten; auf den konnte ich mich also kaum verlassen, was furchtbar war. Hinzu kam unsere finanzielle Situation: Wir verdienten nur wenig Geld und das Stipendium reichte auch vorne und hinten nicht. Dann stand Weihnachten vor der Tür. Ich war ziemlich verzweifelt und spielte mit dem Gedanken, das Studium abzubrechen; diese schwierige Situation würde ich nicht viel länger durchhalten. Schließlich waren da ja auch noch unsere Kinder, die mit der Kälte konfrontiert wurden. Sie waren eigentlich afrikanische Temperaturen gewohnt. In unserer Wohnung war zu allem Überfluss auch noch eine richtige Kapitalistenheizung installiert. Die funktionierte nur, wenn man immer wieder eine Dollarmünze einwarf. Natürlich haben wir immer bis zum letzten Moment gewartet, bevor wir den nächsten Dollar investierten. Die Folge war, dass wir eigentlich alle immer eine Erkältung hatten. Die Kinder röchelten und jaulten und wir Erwachsenen ebenso.

Doch dann geschah etwas, das meine Einstellung zu unserer Situation in Chicago völlig änderte. Es begann an einem Tag kurz vor den Weihnachtsferien. Wie an jedem Morgen musste ich um vier Uhr raus und ins eiskalte Wasser, damit ich überhaupt wach wurde. Dann ging ich in mein »Büro«. Das war eigentlich die Küche, und da wir in einem Studentenwohnheim wohnten, war es entsprechend nur eine Kleinküche. Wenn ich meine Arme ausbreitete, konnte ich die beiden Wände rechts und links berühren. An einer Wand war ein Klappbrett angebracht – mein stolzer Schreibtisch. Eigentlich sollte das Brett dazu dienen, dass meine Frau darauf das Essen vorbereiten konnte. Nun lagen dort meine Bücher. An diesem Morgen war in der Universität eine Klausur über einen amerikanischen Psychologen angesetzt. Dabei ging es um die Verhaltenspsychologie eines Psychologen mit Namen Sullivan. Er vertrat ungefähr die These, dass die Menschen eigentlich nicht viel mehr als Hampelmänner wären, die alle nach den gleichen Mustern reagierten. Ich konte ihn und seine Thesen nicht leiden. Sein Buch war ein dicker Wälzer mit über 400 Seiten und darüber sollten wir nun an dem Morgen eine Klausur schreiben. Weil ich diesen Mann, seinen Stil und sein unverständliches Englisch nicht leiden konnte, wusste ich so gut wie nichts. So saß ich also an dem Tisch in meinem improvisierten Büro und musste mich irgendwie vorbereiten. Ich musste zusehen, dass ich den Stoff in meinen Kopf hinein bekam. Aber jeder weiß: Wenn man so eine Arbeit vor sich hat, sitzt man am Tisch, fängt an, die Bücher hin und her zu schieben, malt Strichmännchen – man macht alles Mögliche, nur auf die Arbeit konzentriert man sich nicht. So war das an dem Morgen bei mir auch. Ich konnte mich nicht konzentrieren und habe mich mit allerlei Firlefanz abgelenkt. Schließlich fiel mein Blick auf meine Bibel, die zwischen den anderen Büchern lag. Ich hatte schon lange nicht mehr darin gelesen, hatte ja keine Zeit mehr vor lauter Studieren und Arbeiten und Frieren. Neben der Bibel lag mein kleines Buch mit den Herrenhuter Losungen, in dem für jeden Tag ein frommer Spruch drinsteht. Das hatte ich auch schon monatelang nicht mehr in die Hand genommen, geschweige denn darin gelesen. Jetzt waren die Losungen eine prima Gelegenheit, sich produktiv abzulenken. Also griff ich danach und suchte nach dem Bibelvers für diesen Tag. Dort stand Folgendes: »Siehe, ich habe vor dir eine Tür aufgetan und niemand kann sie zuschließen.« Ich bin ein impulsiver Mensch und ich fragte mich: warum liest du das ausgerechnet heute Morgen? Und dann packte es mich und ich sagte mir: Darauf verlass ich mich jetzt. Ob Gott mir die Tür wirklich öffnet? Dann sprang ich auf, rannte ins Schlafzimmer, weckte meine Frau und raunte ihr zu: »Hör mal, wir haben einen Familienspruch!«

»Ja«, gähnte sie, »kannst du mir das nicht fünf Stunden später sagen? Schreib ihn auf.« Das habe ich gemacht. Ich hab ihn aufgeschrieben, über meinen Sitz gehängt und dann habe ich mich doch ernsthaft dem Herrn Sullivan gewidmet. Trotz offener Tür. Dabei ging mir ständig die Frage durch den Sinn: Wie bekomme ich den Sullivan in meinen Kopf? Das ganze Buch konnte ich nicht lesen, denn eine halbe Stunde für 400 Seiten war unmöglich. Also studierte ich das Inhaltsverzeichnis und bemerkte ein Kapitel, von dem ich den Eindruck gewann, dass es ein wichtiges Kapitel sein könnte. Es ging darin um das Verhalten von Menschen in Gruppen. Genau dieses eine Kapitel paukte ich nun, bis ich es auswendig konnte. Meine Strategie war dabei: Wenn das drankommt, bin ich gut dran, dann habe ich eine offene Tür. Wenn es nicht drankommt, bin ich durchgefallen.

Nach der halben Stunde lernen ging ich dann zum Arbeiten auf den Schlachthof.

Dort gab es einen polnischen Vorarbeiter, der konnte Deutsche nicht leiden. Er nannte mich nur »Kraut«, das war nämlich das Schimpfwort für Deutsche in Amerika. Nur wenn er guter Laune war, nannte er mich Fritz Kraut. Kraut war also auf jeden Fall dabei. An diesem Morgen kam ich an und begrüßte ihn: »Hi!« Er grüßte zurück mit: »Hi, Fritz Kraut«. Oh, dachte ich, gute Laune. Dann fragte er mich: »Sag mal, feiert ihr in Deutschland auch Weihnachten? Oder seid ihr auch Heiden?« »Nee, nee«, wiegelte ich ab, »wir feiern auch Weihnachten in Deutschland.« Darauf sagte er: »Dann brauchst du doch Fleisch, oder?« »Ja«, antwortete ich, »brauch ich.« »Ich hab da hinten so Reste liegen, da kannst du dir mal zwei Tüten vollmachen. Nachher, wenn du fertig bist, gehen wir da mal hin.« Ich schleppte also meine Schweineseiten mit

Sullivan im Kopf und Vorfreude auf das Fleisch im Herzen. Nach meiner Schicht übergab der Vorarbeiter mir tatsächlich zwei Tüten voll Fleisch als Weihnachtsgeschenk. Und das war Fleisch, das würde jeder von uns gerne essen: Schweinepfötchen, Schweineöhrchen, Schweinekopfstücke, aber auch richtige Fleischstücke und Kotelett. Das waren zwei riesige Tüten voll mit Fleisch. Da dachte ich: Siehst du, eine offene Tür. Die Weihnachtsverpflegung ist gesichert.

Wieder zu Hause stellte ich die Tüten schnell in unseren Kühlschrank und hastete weiter zur Universität. Sullivan stand ja an. Und was prüfte der Professor, der alte Maslow? Wir sollten genau über das schreiben, was ich gepaukt hatte, über menschliches Verhalten in Gruppen. Ich schrieb alles, was ich wusste, und bekam dafür eine Bestnote ein »A« – in den USA werden ja in den Schulen nur Buchstaben verteilt. Als mich Professor Maslow später fragte, wo ich diese Arbeit denn abgeguckt hätte, erwiderte ich trocken: »In Sullivans Buch!«

Als mittags meine Frau wieder nach Hause kam, erzählte ich ihr sofort von den Begebenheiten des Tages: »Guck mal, offene Tür, ein Haufen Fleisch und der richtige Sullivan – so einen lieben Gott haben wir!«

»Ja, ja«, beschwichtigte sie mich mit einem Augenzwinkern, »du musst immer predigen. Aber du hast ja recht.« Nun saßen wir zufrieden da und überlegten weiter. Fleisch hatten wir jetzt, aber an Weihnachten muss man doch noch ein bisschen was für die Kinder kaufen. Irgendein Geschenk und vor allem einen Weihnachtsbaum. Eine Flasche Wein wollten wir auch noch gerne trinken. Und schon fing das wieder mit der Trübsal an, obwohl wir ja jetzt Fleisch fast schon im Übermaß hatten. Außerdem musste ich wieder einen Dollar in die Heizung schmeißen. Während wir drinnen saßen und grübelten, fiel draußen unerhört viel Schnee. Um das Haus herum verliefen Galerien und man konnte praktisch zusehen, wie der Schnee sich niederlegte. Plötzlich klopfte es an unsere Wohnungstür. Ich ging zur Tür, machte sie auf und da stand der Weihnachtsmann. Zumindest sah er ein bisschen so aus. Er hatte einen Pelzkragen um und darauf lag Schnee. Außerdem trug er eine Pelzmütze, ebenfalls mit Schnee darauf. Im Arm trug er zwei riesige Tüten und er strahlte mich an. Einen Bart hatte er nicht, stattdessen begrüßte er mich: »Hi, Fritz!« »Hi, hi«, stammelte ich, denn mehr brachte ich in dem Moment nicht raus. Er strahlte weiter: »You are Fritz?« »Äh, ja, ja, I am Fritz.« Der Fremde stellt sich vor: »Ich bin Bob Miller vom Big Apple.« Big Apple bedeutete New York, so viel wusste ich. Aber wer Bob Miller war, davon hatte ich keinen blassen Schimmer. Er erklärte weiter: »Ich gehöre zum nationalen Verband des CVJM und wir haben gehört, dass du hier studierst. Da wollten wir dir alle ›happy Christmas‹ wünschen.« »Oh«, sagte ich, »das ist aber schön, komm mal rein.« »Ich hab aber nicht viel Zeit, mein Taxi wartet unten, ich muss weiterfliegen nach Big Orange«, und damit meinte er Los Angeles.

»Ja«, beruhigte ich ihn, »setze dich doch erst mal hin.« »Tut mir leid, aber ich habe keine Zeit mehr. Hier, die beiden Tüten sind für euch. ›Happy Christmas‹«, und weg war er. Ich stiefelte zu meiner Frau und musste natürlich wieder predigen: »Guck mal, den hat uns Gott geschickt.« »Ich weiß ja, aber du musst das doch nicht immer sagen.« Dann packten wir die Tüten aus. Da waren schöne Flaschen drin, kein Coca-Cola, sondern etwas anderes. Wir fanden Schokolade und wunderschöne Sachen für die Kinder. Und ganz unten lag ein Briefumschlag. Ich nahm ihn heraus, öffnete ihn und mir sprang ein Scheck von 2000 Dollar mit einer Happy-Christmas-Karte entgegen. Weihnachten war gerettet und ich sprachlos. »Da musst du wohl wieder von der offenen Tür reden«, meinte meine Frau. »Ja, worüber denn sonst?« Es klopfte wieder. »Oh«, lachte meine Frau, »das ist der Osterhase.« Ich ging wieder zur Tür. Draußen stand diesmal ein Student. »Hi, Fritz, ich wollte nur frohe Weihnachten wünschen. Ich fliege heute Abend nach Hause.« »Na, dann komm doch mal rein.« Er setzte sich hin und ich schenkte ihm etwas von dem feinen Bourbon ein, den wir in der Tüte gefunden hatten. Während wir so beisammen saßen und ein bisschen aßen, pochte es wieder an die Tür. Diesmal war es eine andere Studentin, die uns auch ›happy Christmas‹ wünschen wollte. Ich fing an, mich zu fragen, ob die das alle gerochen haben, dass wir Geld und zwei volle Tüten mit Essen erhalten hatten, oder ob vielleicht auch irgendwo ein öffentlicher Aushang draußen hing? Auf jeden Fall wurde unsere Bude voll. Schließlich waren uns Gäste in unserem Haus immer willkommen. An diesem Abend haben wir alle kräftig und feudal gespeist. Es wurde ein richtiges Potluck-Essen. Das ist diese wunderschöne amerikanische Mahlzeit, bei der jeder etwas zu essen mitbringt fürs Büfett. Alles wird dann gemeinsam gegessen. Keiner weiß, was der andere an Zutaten beigesteuert hat. Potluck schmeckt wunderbar. Mit den ganzen Gästen war die Weihnachtsfeier also auch geregelt. Wir konnten von dem Geld einen Baum kaufen, für Geschenke war natürlich auch etwas übrig und ich hatte einen neuen Predigttext gefunden. Mit dem bin ich dann überall hingegangen und habe gepredigt: »Siehe, ich hab dir die Tür geöffnet und keiner kann sie zuschließen.«

Überall, wo ich später von unserem ersten Weihnachten in Amerika erzählt habe, waren die Leute schwer beeindruckt und alle waren hin und weg.

Nachdem ich das Examen in Englisch bestanden hatte – sogar »with honours«, also mit Auszeichnung –, reiste ich mit bester Laune während meines Urlaubs ins Ruhrgebiet zurück. Der CVJM Mülheim-Styrum, mitten im Ruhrgebiet und in einem klassischen Arbeiterviertel gelegen, hatte mich zum Predigen eingeladen. Ich teilte ihnen mit: »Ja, ich komm und ich werde über die offene Tür sprechen.«

»Komm ein bisschen eher. Bevor die Kirche losgeht, machen wir noch eine Gebetsgemeinschaft und eine Andacht.« Also bin ich dann etwas früher da gewesen. Die Verantwortlichen waren in einem Kindergarten direkt neben der Kirche versammelt. Ein Theologiestudent hielt die Andacht, von der ich kein Wort verstand. Er zitierte mal hebräisch, mal griechisch – das ist vielleicht wichtig für so einen Studenten im ersten oder zweiten Semester. Aber er erwähnte Jesus, insofern war alles in Ordnung. Danach mussten wir rüber zur Kirche ziehen. Die Glocken läuteten und ich sollte schon bald über die offene Tür predigen. Vorher hatte ich aber noch ein ganz dringendes Bedürfnis und musste mal zur Toilette. Natürlich sagt man das nicht laut. Deshalb zog ich mich ganz dezent zurück und verschwand im Bad. Als ich kurz darauf wieder zurückkam, waren alle schon weg. Ich ging zur Tür, doch die war abgeschlossen. Ich kam also nicht raus. Das konnte doch nicht wahr sein: Ich sollte über offene Türen predigen und bekam noch nicht einmal die Tür vom Kindergarten auf. Fieberhaft suchte ich nach einem Ausweg. Mein nächster Plan bestand darin, aus einem der

Fenster auszusteigen. Aber wieder ein Fehlschlag, denn die waren vergittert. Ich wusste nicht, was ich machen sollte. Während ich so in dem Flur stand, wanderte mein Blick auf einmal nach oben. Ich weiß nicht, ob ich gebetet habe oder warum ich dorthin blickte, auf jeden Fall sah ich dort oben eine Klappe an der Decke. Also holte ich mir einen Stuhl, schob den Riegel zurück, zog die Klappe auf und plötzlich kam eine Leiter herunter. Das kam mir vor wie bei der Himmelsleiter im Leben Jakobs. Ohne weiter zu überlegen, kletterte ich aufs Dach und hatte Glück, denn der Kindergarten war ein Bungalow und hatte entsprechend nur ein Stockwerk. Vom Dach sprang ich auf den Boden und lief dann sofort rüber in die Kirche, um dort über offene Türen zu predigen.

Begegnungen mit Leitern des CVJM in der Welt

Den Zuhörern konnte ich dann ganz praktisch erzählen, dass eine offene Tür nicht nur dort ist, wo man sie vermutet – vielleicht muss man sie ein wenig suchen. Ich hatte an diesem Abend mit meiner Predigt über offene Türen wirklich ein wunderbares Thema. Dann sprach ich auch noch über Wegbeschreibungen und davon, dass es gut und hilfreich sein kann, eine zu besitzen. Das gilt auch noch heute, wo einem die Navis sagen, wo es langgeht. Allerdings gibt es Wegbeschreibungen, die helfen einem, und manchmal sind sie unbrauchbar. Wie so oft bekam ich irgendwie dann die Kurve zur Bibel, die ja schließlich so etwas wie die Wegbeschreibung zu Gott und auch zu meinem Nächsten ist.

Die »offene Tür« wurde zu meinem Markenzeichen. In Afrika nannten sie mich auch schon »open door«, weil ich immer wieder darüber gesprochen hatte. Es war Jahre später, als man mich wieder nach Ghana einlud. Damals wurde eine schöne Kathedrale mit 2 000 Sitzplätzen eingeweiht, die man anstelle der alten Blechkirche errichtet hatte. An der Eröffnung der Kathedrale sollte ich teilnehmen. Es war ein herrlicher Gottesdienst, der wohl so um die sechs Stunden dauerte. Ich musste auch predigen und wählte natürlich mein Lieblingsthema von der offenen Tür aus. Dabei erzählte ich ihnen dann alle die Geschichten von Chicago und von Mülheim. Geschichten erzählen, das ist mein Ding – ich bin ja kein Theologe. Als ich zu Ende gepredigt hatte, kam einer auf mich zu und fragte: »Kennst du mich noch? Ich war der Rechtsaußen in der Mannschaft und hab das Tor gegen Kumwasi geschossen?« »Ah ja, Junge.« Mehr konnte ich dazu nicht sagen. »Ja«, nickte er, »du hast damals mit uns Fußball gespielt. Und anschließend hast du uns immer Mother Jesus Stories erzählt.«

Dann fuhr er fort: »Ich hab immer gedacht, weil du ja ein Weißer bist, dass dieser Jesus, von dem du erzählt hast, auch so ein Weißer war. Außerdem dachte ich, man müsste zu diesem Jesus in Englisch beten, weil der ja nach meiner Vorstellung Engländer war. Es hat sehr lange gedauert, ehe ich kapiert hab, dass so, wie Jesus für euch weiß ist, so ist er für uns schwarz. Und ich kann mit ihm in Arranta, meiner Muttersprache, reden. Weil er uns lieb hat, versteht er jede Sprache. Also habe ich dir was gebastelt.« Er war nämlich Schnitzer. Aus einem Stück Mahagoni-Holz hatte er meinen Familienspruch geschnitzt: Ein schwarzer Jesus, barfuß, mit Kräuselhaaren unter dem afrikanischen Umhang, stand vor einer Hütte und öffnete die Tür. Er überreichte es mir mit den Worten: »Wenn du bei euch mit dem weißen Jesus nicht mehr klarkommst, kommst du zu uns. Der Schwarze ist hier.«

Dieses Stück Holz habe ich seitdem immer in meinem Koffer dabei, mit dem ich auf Tour bin, und ich zeige es auch den anderen Leuten. »Offene Tür« war damals und ist immer noch unser Familienmotto, denn das habe ich in meinem Leben so oft erfahren dürfen. Es war diese offene Tür zu den Menschen, die so manchen Kontakt ermöglichte und die der Grund dafür war, dass ich so viel Freunde überall auf der ganzen Welt habe – worauf ich sehr stolz bin.

Viele Freunde überall

Wer eine offene Tür hat, der findet Freunde und es ist schon etwas Herrliches, wenn man Freunde auf der ganzen Welt hat. Das wurde mir an meinem achtzigsten Geburtstag so richtig deutlich. Es war ein wunderschöner Geburtstag, der für mich nachts um zwei Uhr anfing. Genau zu der Zeit klingelte nämlich mein Telefon. Ich hob den Hörer ab und war ein wenig verärgert. Wer würde denn so rücksichtslos sein und mich mitten in der Nacht aus dem Schlaf klingeln? Eine Frauenstimme sang: »Happy birthday, dear Papa.« Das war meine Tochter Tina aus Chicago. Sie trällerte tatsächlich alle Strophen, auch die »inoffizielle«: »How old are you now, so old wird kei S…« Ich bedankte mich artig, merkte aber an: »Tina, das ist ja schön, dass du angerufen hast, hättest du aber nicht sieben Stunden später anrufen können?« So viele Stunden betrug nämlich unser Zeitunterschied. »Nee, nee, Papa«, erwiderte sie, »ich wollte die Erste sein.« Darauf ich: »Das warst du.« Wir verabschiedeten uns und ich ging wieder ins Bett. Um vier Uhr klingelte das Telefon erneut. Ich dachte, es wäre unsere zweite Tochter, nahm den Hörer ab und bemerkte dann aber, dass die Leitung noch nicht ganz aufgebaut war. Nach ein paar Sekunden hörte ich leise Stimmen im Hintergrund. Ich fragte immer wieder nach: »Is there somebody? Ist da jemand?« Schließlich ertönte eine Frauenstimme: »Please, hold the line. Wait a moment.« Endlich war ich durch. Aber ich war nicht mit meiner zweiten Tochter verbunden, sondern mit Konongo in Afrika, wo ich ja Häuptling war. Dort hatten sich die Leute morgens um vier

Uhr versammelt, um mir zum Geburtstag zu gratulieren. Sie schienen alle da zu sein, ich erkannte nämlich die einzelnen Stimmen: da war Mexiko zu hören, Marie und noch viele andere. Sie brachten mir ein Ständchen: »Oh Lord, what a beautiful morning, Nana Fritz has birthday.« Mir kullerten die Tränen die Wangen runter und ich habe mitgesungen.

Als sie mit dem Lied fertig waren, ging es aber erst richtig los: »Jetzt werden wir mal für dich beten. Wie geht's dir, wie geht's deiner Frau, wie geht's der Tina, wie geht's der Anna, wie geht's dem Jan?« Für jeden Einzelnen aus unserer Familie haben sie dann gebetet. Währenddessen dachte ich immer wieder an die horrende Telefonrechnung, die auf sie zukommen würde. Aber es war ja auch schön. Und dann baten sie mich: »It's your turn now – Jetzt bist du dran.« Nun bin ich ja ein Kurzbeter und war entsprechend ruck, zuck fertig – auch mit den Hintergedanken an die Telefonkosten. »Nein, nein«, beschwerten sich aber meine afrikanischen Freunde, »das ist zu kurz, bete weiter!« Also musste ich noch mal beten und zum Abschluss haben wir gemeinsam das »Vaterunser« gebetet, richtig rührend.

Später am Tag folgte dann die offizielle Geburtstagsfeier. Da meldeten sich noch viele Freunde und brachten auch noch eine Menge besonderer Geschenke mit. Meine Frau verzichtete sogar darauf, mir wie in jedem Jahr ein SOS-Paket zu schenken: SOS ist die Abkürzung für Schlips, Oberhemd und Socken. Unter den herrlichen Geschenken waren auch Geld für Ghana und ein Brief der Klasse 6b des August-Herrmann-Franke-Gymnasiums in Detmold. Die hatte ich bei einem meiner vielen Besuche in Schulen kennengelernt, bei denen ich den Kindern von meinen Erlebnissen als Soldat und selbstverständlich auch von meinem

Leben in Afrika erzähle. Das bereitet mir immer einen riesigen Spaß. Diese Schulklasse schrieb mir einen Brief und in dem stand nur ein Satz:

Lieber Fritz, du bist so ein fröhlicher und glücklicher Mensch, weil du so viele Freunde hast in der ganzen Welt und besonders den im Himmel. Deine Klasse 6b.

Das war ein wunderschöner Brief und er beschrieb genau, wie ich leben wollte: Mit einer offenen Tür und mit Freunden in der ganzen Welt.

Auf dem Kilimandscharo mit Elia Udi

Nach meinem Studium in Chicago wurde ich der verantwortliche Mann für die Arbeit des CVJM in Afrika. Dort führte ich das Programm zur Förderung der afrikanischen Leiter durch. Wir wohnten nun in Nairobi. Meine Frau arbeitete mittlerweile in der Krebsforschung und die Kinder gingen zur Schule. Sie fühlten sich dort sehr wohl und sprachen Suaheli und Kikuyu – zu manchen Zeiten sogar besser als Deutsch, auf jeden Fall öfter. Ich war sehr viel unterwegs in Kenia, Uganda, Tansania, Sambia, Südafrika und noch in manchen anderen Ländern. Wenn ich in Tansania war, wohnte ich genau unterhalb des Kilimandscharo, dem höchsten Berg Afrikas. Dort unterhielt der CVJM nämlich ein Hotel. Mir wurde immer ein Zimmer im obersten Stockwerk zugeteilt. Wenn ich dort morgens aufwachte, meine Augen öffnete und aus dem Fenster blickte, dann sah ich den schneebedeckten Gipfel des Kilimandscharo. Wunderschön. Der Berg ist 6008 Meter hoch und besitzt drei Erhebungen. Der mittlere und höchste Gipfel ist der Kibo, ein ehemaliger Vulkan mit einem großen Krater, in dem immer Schnee liegt. Am Fuß des Berges sind Wälder, in denen die Afrikaner wohnen. Dort gedeihen besonders die Bananen prächtig. Zwischen den Wäldern und den Gipfeln wächst dichter Urwald. Mich packte bei diesem Anblick immer eine ganz spezielle Sehnsucht, mal irgendwann nach ganz da oben zu kommen, ich wollte unbedingt den Berg mal erklimmen.

Nun hatte ich einen guten Freund, den Elia Udi, der mit mir oft in den Wäldern am Kilimandscharo herumlief und mir alles zeigte. Er war von Beruf Wilderer und gleichzeitig Kirchenvorsitzender, was ja gut zusammenpasste. Ihm gegenüber erwähnte ich immer wieder: »Elia, ich möchte gern mal ganz oben rauf auf den Gipfel.« Er winkte dann nur ab: »Was willst du denn da? Da ist doch nichts. Da kannst du nichts kaufen.«

»Nee«, sagte ich, »es ist wegen der Aussicht. Ich möchte da mal runtergucken.«

»Du kannst doch raufgucken. Das ist doch dasselbe.«

»Nee, nee«, widersprach ich, »das ist doch ein Unterschied.«

Schließlich habe ich so lange auf ihn eingeredet, bis er doch zustimmte: »Okay, wir gehen rauf. Aber du musst dir warme Kleidung kaufen, da oben ist es eiskalt.«

»Ja«, freute ich mich, »soll ich für dich auch was besorgen??«

»Nee, nee, ich bin die Kälte gewohnt. Für dich genügt. Du kommst am Samstag zu uns. Wir gehen am Samstagmittag los und dann sind wir da oben.«

Ich war skeptisch: »Die Touristen, die brauchen doch vier Tage, um da raufzukommen.« »Du hast doch gute Kondition.« Ich zog meinen Bauch schnell ein. »Du schaffst das schon. Wir gehen da rauf und ruck, zuck sind wir oben.« Das klang ja ganz hervorragend! Da ich sehr gerne bergsteige, war ich meiner Meinung nach schon ganz gut ausgerüstet: Ich hatte meinen Anorak dabei und richtige Bergschuhe. Das packte ich alles in meinen Rucksack und fuhr mit dem Wagen hoch zu ihm. Elia wohnte in dem Areal, wo die bewohnte Gegend in den Urwald überging. Die letzte Strecke konnte ich nicht mehr mit dem Auto fahren, die musste ich laufen. Da beschlichen mich bereits Zweifel, ob ich unsere Tour überhaupt schaffen würde, denn schon dieses kurze Stück war total anstrengend, es war steil und die Sonne brannte heiß. Als ich endlich in seiner Hütte ankam, kredenzte man mir meine Lieblingsspeise in Tansania: Toori. Das besteht aus gekochten Knochen, Blut und Milch von Ziegen. Es schmeckt wunderbar und zeichnet sich durch einen säuerlichen Geschmack aus. Meine Frau wollte schon immer wissen, woher denn dieser Geschmack stammen würde. Also fragte ich Elias Frau, wie man diesen säuerlichen Geschmack hinbekommen könnte. Sie antwortete: »Da musst du ein paar Tröpfchen Schafsurin hineintun, dann schmeckt das besonders gut. Versucht das mal.« Ich habe das Tooti trotzdem gegessen und mit größtem Genuss an den Knochen genagt.

Den Hund von Elia nahmen wir auch mit. Dieser Hund hieß »Hund« – die Afrikaner gaben den Hunden nämlich keinen Namen. Dafür bekam er nun meinen Rucksack aufgeladen. Ich protestierte: »Den kann ich auch selbst tragen, Ich bin doch größer als der.« »Nee, nee«, beschwichtigte er, »lass mal ruhig. Es ist besser, wenn er den trägt.« Dann ging es endlich los und wir betraten den Urwald. Der Weg führte uns über einen der Grate, die vor vielen Jahren bei der letzten Explosion des Vulkans entstanden waren. Dazwischen hatten die Lavamassen tiefe Schluchten gegraben. Links und rechts von unserem Weg ging es steil hinunter. Überall waren Bäume, der Urwald war so dicht, dass man die Sonne nicht sehen konnte, und es war glühend heiß und feucht. Elia hatte ein Hackmesser mit, um uns den Weg freizuhauen, denn es war ja alles zugewachsen. Der Hund trug meinen Rucksack, doch ich bekam kaum noch Luft und kam kaum voran. Während mir die Luft wegblieb, sang Elia. Er war ein frommer Mann und sang Adventslieder, denn es war der Tag vor dem ersten Advent. Ich schnappte nach Luft und er sang »Macht hoch die Tür« – auf Suaheli natürlich. Normalerweise habe ich ja nichts gegen Adventslieder, aber an diesem Tag, da war ich sauer. Schließlich blieb er endlich mal stehen und ich dachte, jetzt könne ich den Abstand aufholen und an ihn herankommen; dann würden wir beide zusammen Pause machen und danach weitergehen. Aber immer, wenn ich ankam, ging er sofort wieder weiter. Es war furchtbar. Jeder Schritt tat mir weh.

Endlich hatten wir irgendwann den Urwald hinter uns gelassen und ich sah schon den Vulkankrater. Aber das ist im Gebirge meist so, dass man etwas ganz nah sieht, was aber in Wirklichkeit noch weit, weit weg ist – eine typische optische Täuschung. Was das Ganze noch schlimmer machte, war neben all den anderen Strapazen das Sumpfgebiet, das mich auf dem Schieferplateau überraschte. Während der dünne Elia darüberflog wie eine Gazelle, sackte ich immer wieder ein. Auch gab es noch tiefe Rillen im Boden, durch die ich immer hindurchklettern musste, runter und rauf, runter und rauf. Eine erbärmliche Schlepperei. Meinen Körper bekam ich kaum voran.

Irgendwann erreichten wir doch den Fuß des Kraters. Ich setzte mich sofort hin – es war mehr ein Plumpsen, so total kaputt war ich. Elia gab mir Anweisungen und zeigte mir eine Quelle in der Nähe, an der ich trinken und mich frisch machen konnte. Dann ging er los und wollte etwas zu essen besorgen. Ich fragte mich, was der hier wohl zu essen holen könnte, hier wuchs doch nichts? Hier lebten auch keine Tiere, noch nicht mal Vögel waren zu sehen. Die einzigen Tiere, die unter diesen Bedingungen leben konnten, waren die Murmeltiere. Er zog aber ab mit seinem Hund, seinem Bua, wie Hund auf Suaheli hieß, und ich saß da und spürte langsam, wie meine Lebensgeister wieder zu mir zurückkehrten.

Von meinem Platz aus konnte ich unheimlich weit über die Tiefebene von Tansania sehen. Der Kilimandscharo kommt ja urplötzlich aus der Ebene hochgeschossen, ohne große Ankündigung und irgendwelche Ausläufer, wie man das von den Alpen kennt. Deshalb gab es auch wenig, was mir dort auf dem Berg den Blick verdarb. Ich genoss den gewaltigen Ausblick. Ganz weit im Hintergrund, fast schon am Horizont, befand sich ein Sumpf- und Seengebiet. Ich sah, wie aus den Seen und den Sümpfen Schwalben hochstiegen und wie sich dort Wolken bildeten – schöne Schäfchenwolken. Die trieben auf den Kilimandscharo zu. Das ist mein Lieblingswetter: blauer Himmel, dazu Schäfchenwolken und eine sanfte Brise. Ich konnte hautnah miterleben, wie die Wolken entstanden, wie sie auf den Berg zuschwebten und dann an diesem 30 Kilometer breiten Hindernis von Berg hängen blieben. Während die Wolken hochstiegen, lösten sie sich in Nichts auf. Keine Wolke kam so hoch, wie ich saß. Ich war gebannt von diesem Naturereignis, war ich doch Zeuge davon, wie etwas anfing und auch wieder aufhörte. Das brachte mich ins Nachdenken und ich überlegte, ob unser Leben vielleicht genauso funktionierte? Lag unser Anfang nicht auch in einer »Flüssigkeit«? Dann wurden wir ein Baby, entwickelten uns zu einem vollständigen Mensch, wurden dick und groß, werden alt und irgendwann werden wir sterben und uns wieder »auflösen«. Was passierte dazwischen? Was war mein Leben und welche Bedeutung hatte mein Glaube? War mein Glaube vielleicht nur eine Art Antwort auf die Angst, die ich vor dem Nichts hatte, vor dem Tod und dem, was danach kommen könnte? Mir fiel dabei unser Physiklehrer ein. Er hatte uns als Jungs mal mit in das Labor genommen. Dort stellte er eine Sauerstoffflasche hin, öffnete sie, sodass etwas Sauerstoff austreten konnte, und verschloss sie dann wieder. Auf und zu. Dann sprach er: »Jungens, lasst euch nix vormachen. So ist unser Leben. Ein Hauch in einem gewaltigen Zeitalter.« Dieser Mann fiel mir ein, als ich die Wolken sah, die vergingen.

Dann kam Elia wieder und ich erzählte ihm, was mir so durch den Kopf gegangen war. Darauf antwortete er: »Hör mal, du bist doch Missionar, weißt du denn nicht, dass das anders ist? Wir sind doch keine Wolken, Mensch, wir kommen doch nicht aus dem Sumpf, sondern wir existieren, Gott hat uns gemacht und weil unsere Mutter und unser Vater sich lieb gehabt haben. Außerdem haben wir Freunde – Wolken haben keine Freunde.« Ich dachte liebevoll: Elia ist so ein frommer Bergmensch, der kann ja gar nichts anderes sagen.

Elia hatte etwas Herrliches mitgebracht: Ein Murmeltier und ein paar Baumäste, aus denen er einen Grill baute und darunter ein Feuer entzündete. Er zog dem Murmeltier das Fell ab, nahm es aus und wusch die Därme in der Quelle. Dann füllte er sie mit den zerkleinerten Innereien, sodass daraus Würstchen wurden. Die grillte er dann auf dem offenen Feuer.

Diese Murmeltierwürstchen waren gut. Natürlich hatte ich in Afrika auch schon andere Erfahrungen gemacht. Ich erinnere mich an eine Konfirmationsfeier, bei der man mir die erste Wurst anbot – so gehört sich das für einen Häuptling. Der erste Bissen schmeckte völlig normal, doch dann kamen ein paar kleine Knochenreste und schließlich ein klitschiges Ziegenauge zum Vorschein. Der Mann neben mir fragte mich: »Isst du denn keine Ziegenaugen?« »Nee«, gestand ich. »Dann gib mal her!« Ja, die Geschmäcker sind verschieden.

Die Würstchen von Elia waren lecker. Wir genossen das schmackhafte Essen und danach weihte er mich in seinen Plan ein: »Jetzt gehen wir schlafen. Wir schlafen bis Mitternacht und dann gehen wir hoch.« Ich erwiderte: »Hör mal, dann ist es doch stockdunkel.« »Ja«, bestätigte er, »es ist doch gut, wenn es dunkel ist, dann siehst du wenigstens nicht, wie steil der Weg ist. Wenn wir morgen früh um sechs Uhr oben sind, kannst du deine Aussicht sehen.«

»Und wo sollen wir denn schlafen?«, wollte ich wissen. Er zeigte mit seinem Daumen nach hinten: »Da unten.« Ich schaute, konnte aber nur eine Wand erkennen. Darum ergänzte er: »Guck mal ganz nach unten.« Da konnte ich einen Felsspalt erspähen. In den sollten wir hineinkriechen, und zwar auf dem Rücken, denn dort drinnen konnte man sich nicht mehr wenden. Ich sollte zuerst hinein und er wollte nachkommen. Also kroch ich auf dem Rücken in die Felsspalte, bis meine Stirn die Decke berührte. So blieb ich liegen, auch wenn ich nur bis zu den Knien drin war – das war eben eine kurze Höhle. Bevor Elia noch zu mir in die Höhle kam, legte er noch Holz aufs Feuer. In der Höhle lag schön dick Heu. Es roch zwar ein bisschen nach Pipi, aber es war sehr bequem. »Elia, das ist ja sehr schön, dass du für uns hier Heu reingelegt hast«, bedankte ich mich bei Elia. Doch er wimmelte ab: »Nee, das habe ich nicht gemacht.« »Ja, wer denn dann?«, wollte ich nun wissen. »Na, der Besitzer.« »Und wer ist der Besitzer der Höhle?« »Ein Leopard« gab Elia zur Antwort. Diese Antwort gefiel mir nicht. »Was machen wir denn, wenn der Leopard kommt?« »Oh«, antwortete Elia, »der kommt nicht, wir haben ja ein Feuerchen gemacht. Die Leoparden haben Angst vor Feuer. Du brauchst dich nicht zu fürchten, der kommt nicht.«

Ich musste trotz des Feuers dauernd an den Leoparden denken. Als der Hund auch noch anfing, laut zu jaulen, war ich mir sicher, dass er jetzt kommen würde. Wenn man Angst hat, kommen einem manchmal die seltsamsten Ideen, so erging es auch mir in dieser Nacht. Ich dachte zum Beispiel, dass meine Beine länger wären als die von Elia; die würde der Leopard zuerst entdecken. Außerdem waren meine Beine weiß; die dunklen Beine von Elia konnte der Leopard ja gar nicht sehen in der Dunkelheit. Außerdem hatte ich dickere Waden; bei mir würde sich das Anbeißen definitiv mehr lohnen. Alle diese wirren Gedanken beschäftigten mich in der Nacht. Aber umsonst, denn es kam kein Leopard.

Um Mitternacht weckte Elia mich. Er hatte sogar schon Tee gekocht, das war wirklich toll von ihm. Nach dem Tee gab es eine Andacht, schließlich war es ja der erste Advent. Dann sang er ein Adventslied und danach ging es hoch in Richtung Gipfel. Ich hatte mich ganz dick angezogen. Elia trug nur Plastiklatschen, eine dünne Hose und ein Hemd. Der Weg war immens steil, wir konnten nur im Zickzack über diese harte, erstarrte Lava hochgehen. Elia sang weiter Adventslieder, aber ich bekam kaum Luft, denn wir waren bereits über 4000 Meter hoch. Immer wieder blieb er stehen und wartete auf mich. Wenn ich ihn eingeholt hatte, riet er mir: »Pole, pole«, was soviel bedeutet wie »langsam, langsam«. Dann ging er auch schon wieder weiter. In mir kamen immer größere Zweifel auf, dass ich das schaffen könnte.

Nach ungefähr einem Drittel des Weges gelangten wir an eine Höhle. Ich war so kaputt, dass ich mich einfach dort reinfallen ließ und auch sofort einschlief. Nach einer Weile weckte Elia mich und hetzte: »Wir müssen weiter.« Doch ich wollte nicht mehr: »Ich kann nicht mehr, geh du doch weiter, ich schlaf hier.« »Nee«, widersprach er mir und schüttelte mit dem Kopf, »da wirst du erfrieren. Du musst raus hier.« »Wenn ich gehe, dann geh ich nur bergab«, gab ich ihm zur Antwort. Doch Elia blieb unbeirrt: »Dann brichst du dir alle Knochen. Du kennst den Weg nicht und ich habe nur eine kleine Taschenlampe. Es geht nicht.« »Ja, aber«, wandte ich ein, »dann geh du doch hoch und ich halte mich vor der Höhle warm, bis du wieder zurückkommst.« Er gab einfach nicht nach: »Nein, nein, das geht nicht.« »Elia«, jammerte ich, »ich kann nicht mehr, ich bin total kaputt.« Elia ließ nicht locker: »Du hast dich so darauf gefreut, da hochzukommen, wir gehen hoch. Und ich lasse dich nicht im Stich. Wenn du nicht mehr kannst, dann schleppe ich dich rauf und runter.« Ich schaute meinen afrikanischen Freund an: Er ging mir nur bis zum Kinn, war ein kleiner Dünner, aber ein mindestens ebenso zäher Mann. Ich war mir sicher, dass er seinen Worten auch Taten folgen lassen würde. Die Blöße wollte ich mir aber nicht geben. Also raffte ich mich auf und folgte ihm. Er trampelte vor mir im Schnee einen Weg, musste mich aber weder halten noch schieben noch ziehen. Er sang jetzt auch keine Adventslieder mehr. Wenn ich stehen blieb, blieb auch er stehen. Immer wieder wollte ich aufgeben, aber in solchen Momenten sagte er mir, dass er mir weiterhelfen würde und ich noch ein paar Schritte versuchen sollte. Ich kroch nur so durch die Gegend, durch dicken und tiefen Schnee, auf einem immer steileren und felsigeren Weg. Wir mussten nahe am Felsen hochklettern, Elia vor mir, ich hinter ihm. Dann kam der Augenblick, in dem er mich aufforderte, an ihm vorbeizuklettern. Jetzt war ich vorne und er hinten, vertauschte Rollen. Ich grübelte und kam zu dem Schluss, dass er das gemacht hatte, um mich eventuell abfangen zu können, falls ich abrutschen sollte. Von hinten leuchtete er mir mit der Taschenlampe, sodass ich immer die nächsten Punkte sehen konnte, an denen ich mich festhalten musste. Beim Klettern sollte man ja stets an drei Punkten Halt haben, zum Beispiel an den beiden Füßen und mit einer Hand. Mit der anderen Hand sucht man dann den nächsten Halt über sich. Elia leuchtete so, dass ich das alles finden konnte. Das klappte so lange, bis er nicht mehr leuchten konnte, weil er nun seine beiden Hände selbst zum sicheren Halt brauchte. Mir wurde immer mulmiger zumute und ich fragte mich, wie ich denn da wohl wieder runter käme, wenn ich überhaupt rauf kommen sollte? Inzwischen hatte ich den Eindruck, dass es schon ein bisschen hell wurde. Also kletterte ich langsam weiter, einen Griff nach dem anderen und dazwischen immer wieder eine Pause einlegen. Dann kam der Moment, als ich mit der rechten Hand hochtastete und keinen Stein zum Festhalten fand – aber ich fühlte eine Kante. An der Kante hielt ich mich fest und dabei merkte ich, dass es hinter der Kante wieder runterging. Da kam gar keine Wand mehr. Meine Linke schnellte nach oben und ich drückte mich mit beiden Händen hoch. Weil immer noch nichts darüber zu greifen war, schlug ich einfach mein Bein über die Kante und saß tatsächlich oben auf dem Kilimandscharo. Wie ich so da oben saß, kam eine riesige Freude auf: »Mensch«, dachte ich, »jetzt hast du es geschafft!«. Unter mir erahnte ich den Krater, der mit Schnee und Eis bedeckt war. Elia erreichte nun auch meinen Sitzplatz. Ich bedankte mich freudig: »Elia, Mensch, vielen Dank, dass du mich hier hochgebracht hast.«

Er erwiderte jedoch: »Fritz, ich muss dich leider enttäuschen, wir sind noch nicht ganz oben. Wir sind zwar am Kraterrand, aber die höchste Stelle Uhuru Peak, die ist noch zwei Kilometer entfernt. Immer auf dem Rand lang, nicht steil und nur noch etwas in die Höhe.«

Ich weiß auch nicht, wo ich die Kraft für diese letzten Meter hernahm, aber nach den angekündigten zwei Kilometern standen wir an der höchsten Stelle Afrikas. Außer uns nur die Fahne von Tansania und ein Kreuz. Ich fühlte mich in diesem Augenblick todglücklich. Herrlich. Auch wenn ich erst mal durchschnaufen und ordentlich nach Atem ringen musste. Und dann ging die Sonne auf, was einfach nur wunderschön und unglaublich war.

»Na ja, Elia, ich weiß, ich bin keine Wolke. Ohne dich wäre ich nie hier raufgekommen. Du bist doch ein richtiger ›Raffigee‹ – ein richtiger Freund.«

Darauf antwortet er: »Fritz, wir haben noch einen besseren Freund. Der hat noch ein breiteres Kreuz als ich, der schleppt uns überall hin. Das ist Jesus.« »Ja«, erwiderte ich, »und jetzt singen wir ein Adventslied!«

Dann haben wir beide »Tochter Zion« gesungen, er in Suaheli, ich auf Deutsch. Ich war so glücklich, dort oben zu stehen. Lange konnte ich das leider nicht genießen: »Wir müssen bald wieder runter, weil die Luft hier oben so dünn ist.«

Vorsicht Häuptling

Jahre später wohnte ich inzwischen wieder in Deutschland. Nach meiner Pionierarbeit in Ghana, dem Studium in den USA, den Diensten in Ostafrika und Genf waren wir als Familie schließlich in Düsseldorf zu Hause. Da erreichte mich eines Tages wieder einmal ein Brief des CVJM; das hatte ja meistens mit einem Abenteuer zu tun. Das Schreiben kam aus Afrika. Mexiko und Alfred Zakoree, einer der anderen CVJM-Sekretäre, baten mich, mal wieder nach Ghana zu kommen und eine Mitarbeiterschulung zu machen. Allerdings hatten sie mein Kommen mit einem Wunsch verknüpft: Ich sollte bitte alleine kommen und meine Frau Karin nicht mitbringen. Als ich ihr den Brief zeigte, war sie natürlich sauer darüber, aber sie fügte sich der Bitte. Nachdem ich alle meine Vorbereitungen für die Reise erledigt hatte, ging es los. Natürlich war ich gespannt, was sich hinter dieser merkwürdigen Bitte verbergen würde. Als ich in Ghana ankam, empfingen mich meine Gastgeber sehr herzlich. Und dann hatten Sie noch einige Pläne für meine Zeit in Ghana gemacht: »Du hast noch etwas Zeit, ehe die geplante Mitarbeiterschulung beginnt. Da wäre es doch ganz passend, wenn du vorher noch einmal in die Region der Aschanti fahren würdest, um in diesem Teil von Ghana einige der CVJM-Gruppen zu besuchen.« Damit war ich einverstanden: »Okay, wer kommt denn mit?« »Niemand, du fährst alleine.« Das fand ich nun etwas seltsam. »Ja, ist es denn nicht besser, wenn noch jemand mitkommt? Wenn es eine Panne gibt oder so, dann ist es doch gut, wenn da noch einer dabei ist.« »Ach nein«, beruhigten sie mich, »du kennst dich doch prima aus, fahr nur.«

Etwas verwundert fuhr ich los. Dabei wussten die Kerle – sowohl Mexiko als auch Alfred – ganz genau, warum sie mich alleine losschickten. Es war an diesen Tagen wieder einmal furchtbar heiß. Deshalb fuhr ich in bequemer Kleidung, trug nur ein paar Schlappen an den Füßen, eine kurze Hose und ein weites Hemd darüber. Schließlich kam ich in Konongo an, wo ich im CVJM einige Vorträge halten sollte. Es war allerdings Sitte, dass man vorher zum Häuptling ging und mitteilte, was man genau dort eigentlich wollte. Deshalb fuhr ich gleich zum sogenannten Palast des Häuptlings.

Als ich in den Hof einbog, kamen mir sofort zwanzig Männer entgegen. Die Ghanaer lieben es, die Hände zu schütteln. Darum stieg ich aus und hielt ihnen die Hand entgegen. Aber anstatt den Gruß zu erwidern, fielen sie plötzlich über mich her. Ich war ja mal Bergmann gewesen, wusste demnach schon, wie ich mich wehren konnte, aber gegen zwanzig kommt man bei bester Konstitution und Ausdauer nicht an. Sie knallten mir auch eine Faust ins Gesicht, darauf folgte ein Kinnhaken, grauenhaft war das. Sie fesselten mir die Beine, die Hände ebenso und steckten mir einen Knebel in den Mund. Schließlich bekam ich meine Augen verbunden und ich wurde auf einen Lastwagen geschmissen. Mannomann, ich war vielleicht sauer. Meine Entführer sagten kein Wort. Der Lastwagen fuhr los, ich lag hinten auf der Pritsche. Bei jedem Schlagloch – und davon gibt es reichlich in Afrika – flog ich in die Höhe und knallte dann wieder auf das Blech herunter. Ich hatte überall blaue Flecken, wie ich später feststellen konnte. Ansonsten war es eine eher stille Fahrt: ich konnte nicht reden, auch nicht schreien, und die Männer sagten kein

Wort. Ich bekam immerhin mit, dass wir in den Urwald fuhren. Die Straße wurde nämlich noch schlechter und ich konnte deutlich das Geschrei von Affen und Vögeln vernehmen. Plötzlich fiel mir eine Redensart aus Ghana ein: Wenn ein Aschantihäuptling stirbt dann müssen ihn elf fremde Männer begleiten. Denen werden die Köpfe abgeschlagen und in den Sarg des Häuptlings geschmissen. Und ich befand mich ja gerade in der Aschantiregion. Bis zu dem Zeitpunkt war das für mich nur eine Redensart, aber jetzt dachte ich, dass mein letztes Stündchen wohl geschlagen hätte. Ich war ein Fremder, keiner wusste genau, wo ich war, jetzt war Feierabend. Das war kein schöner Moment. Wie immer, wenn ich Angst hatte, betete ich. Ich bete auch sonst, aber in solchen Momenten eben besonders. Und in diesem speziellen Moment schoss mir durch den Kopf: »Lieber Gott, ich hab Frau und drei Kinder, bitte, bitte lass mich doch hier durchkommen!«

Wir fuhren drei Stunden, dann hielt der Lastwagen plötzlich an. Die Männer trugen mich vom Wagen herunter, zogen mich splitternackt aus und ich konnte mich nicht wehren. Sie nahmen mir die Augenbinde ab, sodass ich wenigstens alles sehen konnte. Das war ja sehr einfühlsam; immerhin konnte ich jetzt sehen, wie sie mich in ein schwarzes Tuch drehten. In Afrika ist Schwarz die Farbe der Trauer. Nun war ich mir wirklich ganz sicher: »Jetzt biste dran«. Die Männer trugen mich in eine riesige Hütte und setzten mich gegen die Wand. Die Hütte war voller Männer, alle ausgestattet mit einer schwarzen Toga, die sie über die linke Schulter geworfen hatten. Trommeln spielten auf, wie es ja immer Trommeln sind in Afrika. Sie spielten einen ganz furchtbaren Rhythmus. Ich wusste, das war ein Todesrhythmus. Eine ganz dumpfe

Stimmung. In der Mitte der Hütte loderte ein offenes Feuer, darüber hing ein riesiger Kochtopf aus Keramik, in dem eine rote Suppe schwappte. Und das war bestimmt keine Tomatensuppe. Das war eine Blutsuppe – in der roten Flüssigkeit schwammen nämlich Knochen. Unweigerlich musste ich an einen makaberen europäischen Witzanfang denken: Ein weißer Mann wird in Afrika im Suppentopf gekocht… Dieses Bild stand mir vor Augen und das war nun wirklich nicht witzig für mich. Ich konnte alles sehen, was hier geschah, nur schreien war mir wegen des Knebels unmöglich.

Dann trat ein Zauberpriester auf. Er trug ein rotes Tuch und hatte sich das Gesicht mit seltsamen Längsstreifen geschminkt. In der Hand schwang er ein scharfes Schwert und sang dabei Opfergesänge. In diesem Opfergesang kam, so verstand ich das zumindest immer, als Opfer immer ein gewisser »Filitz« vor. Das konnte niemand anderes sein als ich, der Fritz. Ich war fix und fertig, wie man sich gut vorstellen kann. Abrupt blieb der Priester vor mir stehen, erhob sein Schwert und ich rechnete fest damit, dass er mir jetzt den Kopf abschlagen würde. Doch im letzten Moment wurde ein Schaf hereingetragen. Vier Männer hielten das Schaf genau über mich, jeder Mann an einem Bein postiert. Sie zogen mir das schwarze Tuch ab, womit ich nun splitternackt vor ihnen stand, was aber jetzt auch keinen Unterschied mehr machte. Dann schlug der Zauberpriester dem Schaf mit einem Schlag den Kopf ab. Sie schmierten und pumpten mich mit dem Blut des Schafes von oben bis unten voll. Ich weiß nicht, wer so etwas schon einmal erleben durfte, aber ich kann versichern: das ist sehr unangenehm. Das Blut war einfach überall. Nur nicht im Mund, da hatte ich ja den Knebel hängen. Aber der ganze Körper war quasi blutgetränkt.

Kaum hatte ich mich an den Schrecken gewöhnt, fiel mir auch noch die nächste Geschichte dazu ein. Die hatte ich beim täglichen Lesen in der Bibel entdeckt. Darin ging es um Abraham, der seinen Sohn Isaak opfern sollte. Im letzten Moment kam dann auch ein Schaf dazwischen, genau wie bei mir. Ich grübelte darüber, ob das etwas miteinander zu tun haben konnte. Oder wollten die mich hier irgendwie reinigen?

Da erschienen aber schon drei Frauen, jede trug eine Schüssel auf dem Kopf. Sie wuschen mich mit schön parfümiertem Wasser ab und ich begriff überhaupt nichts mehr. Als Nächstes kam ein Mann mit einer Rasierklinge in der Hand, die ziemlich stumpf war, mit der er mir aber trotzdem alle Haare abrasierte. Die Rasierklinge hielt er zwischen Daumen und Zeigefinger und schabte wirklich alle Haare weg, was bei mir ja schnell ging, da ich eh nicht mehr viel davon auf dem Kopf hatte. Die Augenbrauen ließ er stehen, aber alle anderen Haare meines Körpers wurden entfernt. Ich war also haarlos. Im nächsten Moment erschien eine andere Frau, die mich erst abtrocknete und mich dann mit einem weißen, duftenden Pulver bestreute, das ich von zu Hause kannte. Anschließend tauchte einer auf, der einen Thron trug und ihn hinstellte. Mir wurden alle Fesseln abgenommen, ich wurde auf den Thron gesetzt und der Knebel wurde mir endlich aus dem Mund entfernt. Sie hüllten mich in ein goldenes Gewand, setzten mir einen Hut auf den Kopf, der bei näherem Betrachten eine Krone war, und eröffneten mir, dass ich jetzt ihr Häuptling sei. Nun begriff ich überhaupt nichts mehr. Es war ja auch eine unglaubliche Geschichte.

Für die Aschanti gab es nun keinen Zweifel mehr: »Du bist jetzt unser Häuptling!« Ich hatte aber sehr wohl Bedenken und fragte zurück: »Ja, und wenn ich nicht will?«

Häuptling Nana Kofu Marfu II

Ich war ja vor allem erst einmal sauer. Wenn ich meinen Körper betrachtete konnte ich etliche blaue Flecken entdecken, von dem Schock mal ganz zu schweigen. Da erwiderten sie: »Hier ist noch nie einer lebendig rausgekommen.« »O. K.«, willigte ich schnell ein, »dann, dann will ich Häuptling sein«, und so wurde ich also Häuptling der Aschanti.

Nun betrat eine Frau die Hütte, über die mir sogleich berichtet wurde: »That's the queen mother – die Königinmutter, die hat dich zum Häuptling gewählt.« In Ghana herrschte ja das Matriarchat, was bedeutete, dass alle Kinder den Müttern gehören. Sie tragen den Namen der Mutter und werden, wenn sie vor der Mutter sterben, in das Dorf der Mutter zurückgebracht und dort begraben, eben weil sie Eigentum der Mutter sind. Diese Königinmutter hatte mich ausgewählt. Weil das Königsblut in diesem Stamm nur durch die Frauen weitergegeben wurde, erhielt ich auch etwas Blut von ihr, als ich zum Häuptling gemacht wurde. Dazu nahm

einer der Männer eine Glasscherbe und ritzte der Königinmutter eine Ader auf. Bei mir machte er danach das Gleiche. Dann drückten wir die Wunden aufeinander und so
bekam ich etwas afrikanisches Königsblut ab. Jetzt vereint
sich in meiner Person das Proletarierblut meiner Eltern aus
dem Ruhrgebiet und das Königsblut aus Afrika. Als ich das
später meiner Frau erzählte, die ja Medizinerin ist, schlug sie
die Hände über dem Kopf zusammen.

Natürlich habe ich die Königinmutter gefragt: »Warum
hast du mich denn gewählt?« Sie antwortete ehrlich: »Because
we love you – weil wir dich lieben.« Das war ja an sich eine
schöne Erklärung, doch ich wollte es genauer wissen und
bohrte weiter. Sie wollte damit nicht so recht rausrücken,
aber immerhin konnte ich ihr Folgendes entlocken: »Du
warst schon mal hier und hast hier mit dem CVJM angefangen zu arbeiten, hast dich um die Jugendlichen gekümmert,
einen Kindergarten gebaut und du hast mal bei uns in der
Kirche gepredigt. Das hat mir gefallen und darum haben
wir dich gewählt.«

Als typischer Deutscher wollte ich auch wissen, welche
Aufgaben ein Häuptling zu erledigen hat: »Was muss denn
so ein Häuptling machen?« Darauf bekam ich eine wunderschöne Antwort: »Adi Das.« Damit war natürlich nicht
die Sportartikelmarke gemeint. In Schui, der Sprache der
Aschanti, bedeutet »Adi« essen und »Das« schlafen. Also
sollte meine Hauptaufgabe als Häuptling darin bestehen zu
essen und zu schlafen. Man konnte an meinem Bauch able-
sen, dass ich das mit dem Essen sehr gut hinbekam, und
schlafen konnte ich auch sehr gut. Also war ich der perfekte
Häuptling. Weil ich aber nicht so recht glauben konnte, dass
das bereits alle meine Pflichten sein sollten, ging ich lieber

auf Nummer sicher und fragte noch einmal nach, ob ich denn außer diesen beiden Sachen noch etwas leisten müsste. »Ja, ja«, rückte sie heraus, »du bist unser oberster Richter, du bist unser oberster Lehrer, du bist unser oberster Priester und musst sehen, dass alle Menschen Gott fürchten und ehren.« »Und lieben«, ergänzte ich.

Die Königinmutter fragte mich: »An welchem Wochentag bist du geboren?« Es war sehr wichtig, dass man das in Afrika wusste. Von meiner Mutter hatte ich erfahren, dass ich an einem Freitag zur Welt gekommen war. Freitag hieß bei den Aschanti »Kofi«. Kofi Annan, der frühere Generalsekretär der UNO, kam auch aus dieser Gegend. Ich antwortete also: »Kofi.« »Ah«, nickte sie, »das ist sehr gut. Dein Vorgänger hieß auch Kofi.« »Wieso Vorgänger?«, fragte ich nach. »Wir warten seit 60 Jahren auf einen neuen Häuptling. Und jetzt meinen wir, dass du das bist.« Es war natürlich schön, so etwas zu hören. »Und groß bist du auch«, fuhr die Königinmutter fort. Die Aschanti sind nämlich grundsätzlich ziemlich klein geraten. »Dein Vorgänger war auch groß. Mafo, der Lange.« Als Nächstes fragte sie nach meinem Beruf. »Ich habe alles Mögliche gemacht, auch Bergmann, Meiler, unter Tage.« »Oh«, staunte sie, »dein Vorgänger, der hat hier Gold gefunden.« »Ich hab nur Kohle gemacht«, erwiderte ich schmunzelnd. »Und jetzt bist du also unser Häuptling.« »Ja.« Und ich habe mich kräftig darüber gefreut.

Dann spielte herrliche Musik auf. Weil Afrikaner ja so gut wie alles mit Tanz und Trommeln ausdrücken, tauchten jetzt mehrere Männer mit Trommeln auf, die mich auch später noch bei meinen Besuchen in Afrika häufig begleiten sollten. Es wurde getanzt und eine große Gruppe von Frauen kam herein, die alle gleich gekleidet waren mit wunderschön bunten langen Gewändern. Sie tanzten vor mir und sangen mir einen Lobgesang, was mir bisher in meinem Leben auch noch nicht passiert war. Plötzlich fielen sie alle vor mir nieder und die Königinmutter sprach zu mir feierlich: »Nana«, so hieß ich als Häuptling, »Nana Kofi Mafo the second. Nana, das sind deine 36 Frauen.« Ich kippte fast vom Stuhl. Dann protestierte ich: »Ich hab doch schon eine Frau und das ist eine emanzipierte Finnin, die lässt noch nicht mal eine Nebenfrau zu. Die würde jede andere über alle Berge jagen.« »Nein«, beruhigte sie mich, »das sind nur nominell deine Frauen. Die sind fast alle verheiratet, die älteste ist 84 und damit zu alt, die jüngste ist 19, und damit zu jung für dich.«

Somit hatte ich also auf einmal 36 zusätzliche Frauen. Alle hatten den gleichen Namen, nämlich Nana Nerie; Nerie bedeutete bei den Aschanti Ohr. Mit diesem Namen war die Aufgabe dieser Frauen beschrieben: Sie sollten meine Ohren im Land sein. Die Frauen wohnten nämlich über mein gesamtes Stammesgebiet verteilt, in dem etwa 300 000 Menschen ihre Heimat hatten. Meine 36 Frauen sollten mir immer wieder über alles berichten, wenn ich zukünftig auf Stippvisite nach Ghana kommen würde. Oder mir schreiben, wenn etwas Außergewöhnliches passierte. Daneben aber auch den neuesten Klatsch erzählen. Eben alles, was ich wissen sollte.

Im Gegenzug musste ich die Verantwortung für meine Frauen übernehmen. Bekam eine der Frauen ein Kind, so galt dieses Kind auch gleichzeitig als mein Kind – obwohl ich mit der ganzen Familienplanung im Vorfeld nichts zu tun hatte. Trotzdem war es auch mein Kind, für das dann immer ein schöner Umschlag nach Afrika für die Taufe und für sonstige Feierlichkeiten wanderte. Es wurde mit der Zeit zwar schon ein bisschen teuer, 36 Frauen nebst Kindern zu unterhalten, dafür hatte ich aber 72 und mehr Ohren und war bestens über alles Informiert, was in »meinem Reich« passierte.

Die Geschenke Gottes

Nach meiner Einsetzung als Häuptling musste ich zehn Tage in meiner Hütte bleiben. In dieser Zeit wurde ich über die Geschichte, die Kultur und die Religion meines Stammes informiert. Das war hoch interessant. Bei den Aschanti gab es ursprünglich keine Schriftsprache. Sie vertraten den Standpunkt, dass wir Menschen alles besprechen könnten und insofern keine großartige Schriftsprache benötigten. Natürlich hielten auch sie manche Dinge in schriftlicher Form fest, allerdings drückten sie sich früher nur in Symbolen aus. Erst die Engländer führten ihre und damit eine offizielle Schriftsprache ein. Deshalb wurde die Geschichte der Aschanti nicht aufgeschrieben. Aber zwei Familien gaben seit 600 Jahren mündlich das weiter, was alles in dem Stamm passierte. Und das war einiges. Ich glaube, es wurde noch nie ein Weißer so informiert über das Innere eines Stammes, wie ich das in den zehn Tagen in dieser Hütte genießen durfte.

Zunächst erzählte der Mann der einen Familie seine Geschichte. Demnach waren die Aschanti ein kriegerisches Volk. Sie herrschten früher über ein kleines Weltreich, das im Norden bis zur Sahara reichte und Ghana hieß. Er erzählte mir detailgetreu von sämtlichen gewonnenen Schlachten. Wenn Männer vom Krieg erzählen, dann gewinnen sie natürlich immer. Danach war seine Frau an der Reihe. Sie erzählte mir von der gleichen Epoche, aber natürlich ganz anders als ihr Mann. Sie sprach über Not, Elend, Vergewaltigung, Hunger, Mord und solche Ereignisse. Das hörte sich schon ganz anders an. Mittags kam dann das andere Ehepaar und berichtete alles aus seiner Sicht; wieder zuerst der Mann, danach die Frau. Natürlich haben sich die Erzählungen oft überschnitten oder gedoppelt mit dem, was ich bereits am Vormittag zu hören bekam. Besonders gut organisiert war das nicht, mancher Geschichte lauschte ich insgesamt vier Mal. Trotzdem war es hoch interessant, denn obwohl sie alle über die gleiche Geschichtsperiode redeten, besaß doch jeder seine eigene Version, seinen eigenen Blickwinkel auf die Geschehnisse und variierte entsprechend seine Erzählung.

Ich zog den Vergleich mit dem Christentum, denn hier verhielt es sich ja recht ähnlich. Uns wurden auch vier Versionen in Form der vier Evangelien übermittelt. Markus besaß einen schnellen Erzählstil, ruck, zuck war er durch. Matthäus referierte sehr gründlich über Passion und über Gesetze, wahrscheinlich weil er Jude war. Lukas versuchte, seinem griechischen Freund das Evangelium nahezubringen und Johannes war mehr der mythische Sprecher. Also haben wir auch aus vier Sichten das Leben Jesu erfahren. Die Geschichten wichen hier und da voneinander ab, aber es existiert eine Grundlinie. Die kann man knapp damit zusammenfassen, dass es einen Gott gibt, der die Welt so sehr geliebt hat, dass er seinen eigenen Sohn opferte, damit alle, die an ihn glauben, nicht verloren gehen, sondern das ewige Leben haben.

So ungefähr kam mir das auch bei den Aschanti vor. Später habe ich mich öfter gefragt, wie wohl die Jesus-Geschichte geklungen hätte, wenn sie von einer der Frauen erzählt worden wäre. Vielleicht frage ich ja nach, wenn ich irgendwann mal im Himmel ankomme. Dann frage ich Maria, was sie so über ihren Sohn zu berichten hätte, oder Maria Magdalena, was sie wohl noch erzählt hätte. Das wäre bestimmt interessant.

Schließlich erschien noch ein afrikanischer Pastor, der früher einmal Zauberpriester gewesen war; so etwas ist ja auch eine tolle Karriere. Er erzählte mir über die religiöse Geschichte der Ghanaer, meines Stammes, und woran wir in früheren Zeiten geglaubt haben. Die Aschanti haben schon immer nur einen Gott angebetet, keine Götter, wie das in so vielen anderen Stämmen üblich war. Ihr Schöpfergott besaß eine Bittstelle, die alles beschenkte. In ihrer Geschichte kam vieles vor, das auch wir kennen, zum Beispiel eine Sintflut. Aber einen gravierenden Unterschied gab es dann doch, denn sie erwarteten nicht, dass Gott noch einmal zu ihnen käme. Als sie später erfuhren, dass genau das passieren würde, hat sie das dann sehr überzeugt und sie nahmen den christlichen Glauben mit gutem Gewissen an.

Der Pastor machte mich mit noch etwas Hochinteressantem vertraut. Es hing zusammen mit einem Erlebnis in Ostafrika. Nach den Jahren in Ghana und meinem Studium lebte ich ja zehn Jahre in Ostafrika. Dort hatte ich einen Freund, der sich der Schimpansenforschung verschrieben hatte. Er hatte unter anderem auch zwei Jahre lang bei Schimpansen gelebt. Während dieser Zeit lud er mich ein und ich verbrachte eine Woche mit ihm bei den Schimpansen. Mein Freund glaubte an die Evolution, so wie ich an die Schöpfung glaubte. Er sagte immer: »Fritz, die Schimpansen, die unterscheiden sich von uns nur dadurch, dass sie zwei Prozent weniger Gehirn haben als wir.« Das ist eigentlich sehr wenig. Aber in der Zeit dort durfte ich erleben, dass zwei Prozent vielleicht verhältnismäßig und quantitativ wenig sind, aber qualitativ den Unterschied zwischen Affe und Mensch ausmachen. Der Pastor jedenfalls erzählte mir Folgendes: »Gott hat uns Menschen viele Geschenke gegeben.«

Ich fragte nach: »Welche denn?« Darauf antwortete er: »Erst mal die Sprache – kein anderes Lebewesen kann sprechen. Die Papageien, die können so ein paar Worte nachmachen, aber sich so ausdrücken wie der Mensch kann keiner. Und das ist der erste wesentliche Unterscheidungsgrund zwischen den Tieren und uns Menschen. Wir können das, was wir fühlen und denken, in Sprache ausdrücken. Wir können ja nicht nur sprechen, wir haben sogar ein Alphabet erfunden, sodass wir mit 26 Buchstaben alles Schreiben können. Auch in der Bibel spielt die Sprache ja eine unerhörte Rolle. Gott ist der Schöpfer der Sprache und Jesus ist das fleischgewordene Wort.« Das hat mir unwahrscheinlich imponiert. Er fuhr fort mit seinen Ausführungen: »Das zweite, was uns Menschen geschenkt worden ist: Wir können kultivieren, wir können die Landschaft verändern, wir können Häuser bauen, wir können Straßen bauen. Und auch hier gelingt uns das, weil wir sprechen können. Die dritte Sache, die wir haben: wir können beten, wir wissen dass es Gott gibt, mit dem wir reden können und der uns hört – weil wir Sprache haben. Das vierte, was nur die Menschen haben: Wir wissen, was Gut und Böse ist. Jedes kleine Kind weiß das. In uns ist eine unerklärbare Stimme, oder was immer das ist, die uns deutlich macht, was richtig ist und was böse ist.« Auch wenn das nur vier kurze Wahrheiten waren, so beeindruckte es mich doch tief, was der Pastor von sich gab. So hatte ich die Möglichkeiten, die Gott uns mit der Sprache geschenkt hat, noch nie gesehen. Später ging ich mit diesen Worten von den von Gott gegebenen Geschenken auf Tour, baute sie noch ein wenig aus und hielt dann Vorträge an Universitäten. Gelernt hatte ich das jedoch alles in Afrika im Urwald. Ja, es war schon eine hochinteressante Zeit dort in dieser Hütte.

Wie ich Priester wurde

»Der Fritz kommt etwas später«, so stand es auf dem Telegramm, das man in der Zwischenzeit an meine Frau zu Hause in Deutschland geschickt hatte. Sie hatte ja keine Ahnung, was mir in Afrika so alles widerfahren war. Als ich ihr später dann die Geschichte erzählte, konnte sie immerhin nachvollziehen, warum man sie nicht gerne auf dieser Reise dabei haben wollte.

Währenddessen war ich nun stolzer Besitzer eines Häuptlingspalastes, in dem es eine große Anzahl von Zimmern gab, in denen auch etliche Leute wohnten. Die nächste Prozedur war die Einführung, wie man sich als Häuptling zu benehmen hat. Dazu gehörte, dass ich leider nie alleine ausgehen durfte; immer mussten Leute um mich herum sein, so ähnlich wie Bodyguards. Aus sicherheitstechnischen Gründen betrachtet war das auch irgendwie okay und ich mochte ja Leute um mich herum haben, aber manchmal wurde mir das schon lästig. In meinem Palast stand natürlich auch ein Thron, auf dem ich residierte, Gespräche führte und Entscheidungen treffen musste. Als ich eines Tages wieder einmal auf meinem Thron saß, kam der Läufer – so eine Art königlicher Bote – an und verkündete: »Nana, Häuptling, draußen wartet der katholische Bischof auf dich. Darf der hereinkommen?« Das war eine ganz neue Erfahrung, denn auf mich hatte noch nie vorher ein Bischof gewartet. Natürlich stimmte ich überrascht zu: »Oh, ja sicher«, sagte ich, »ich hole ihn rein.« »Nein, nein, du musst auf deinem Thron sitzen bleiben.« Dann wurde der Bischof samt seiner Gefolgschaft hereingeführt, es waren so etwa 100 Leute. Die mussten sich alle die Schuhe ausziehen, sich vor mir verbeugen und dann in einer Art Prozession an mir vorbeiziehen. Anschließend setzten sich alle auf den Boden, während ich weiterhin auf meinem feierlichen Sessel thronte. Der Bischof stand auf und sprach: »Wir haben vor, Häuptling, dich am nächsten Sonntag zu unserem König zu salben.« Ich entgegnete ihm: »Ich bin evangelisch. Außerdem verstehe ich von solchen Zeremonien nichts.« Doch er beharrte darauf: »Das spielt keine Rolle, dass du evangelisch bist. Alle, die heute mit mir hier sind, sind die Vertreter sämtlicher Kirchen – evangelisch, charismatisch, katholisch – in deinem Herrschaftsgebiet. Gemeinsam haben wir beschlossen, dich zu salben.« »Nun, wenn ihr dafür seid, dann bin ich auch dafür.«

Zur Vorbereitung auf die Salbung musste ich mich gründlich waschen. Dazu schleppten sie von irgendwoher eine riesige Badewanne an. In die musste ich mich sieben Stunden hineinsetzen. Das letzte Mal, als ich in einer Wanne gewaschen wurde, war ich ein Kind im Alter von zwei Jahren. Damals erledigte das meine Mutter. Jetzt aber wuschen mich nicht eine oder zwei, sondern fünf Frauen! Sieben Stunden in so einer Wanne liegen ist natürlich ein bisschen lang, besonders, wenn es sich um parfümiertes Wasser handelt. Ich fragte also zart nach: »Muss ich denn noch lange so liegen?« »Ja«, bestanden sie darauf, »denk mal an die Königin Esther aus der Bibel. Die hat sieben Tage lang in der Wanne gelegen, ehe sie die Frau von Nebukadnezar und Königin wurde.« »Na ja, okay«, willigte ich ein, »dann wascht mich mal kräftig.«

Am Sonntag wurde ich wunderschön angezogen und zur Kirche geführt. Der Bischof begrüßte mich mit Zepter, mit Weihrauch und mit Weihwasser. Anschließend feierten wir gemeinsam den Gottesdienst mit den Vertretern aus allen Kirchen in meinem Königreich. Der Bischof hielt die Liturgie, der Methodistenpfarrer redete und predigte und die Charismatiker sangen und tanzten in der Kirche. Das Abendmahl haben wir gemeinsam genommen. Ich dachte nur: Wenn das der Papst wüsste ... Abschließend wurde ich zum Häuptling gesalbt. Das war ein großer Moment für mich. Der Pastor meinte vorher noch zu mir: »Nana, du weißt ja, ehe Jesus gekreuzigt wurde, hat er gesagt, er sei der Sohn Gottes und er sei ein König. Die Juden und die Römer haben ihn verlacht und haben dann an seinem Kreuz ein Schild angebracht, auf dem draufstand: Jesus von Nazareth, König der Juden. Das sollte eine Verhöhnung sein. Die Könige wurden immer so gesalbt, wie wir dich gleich salben werden. Es wird dir Salbe in die Handflächen gerieben, dann auf den Fußspann und rechts in der Seite, weil man dachte, da ist das menschliche Herz. So werden wir dich auch salben. Jesus hat man damals nicht gesalbt, als man ihn ans Kreuz schlug, sondern man hat durch die Stellen, an denen ein König gesalbt wird, die Nägel geschlagen. Wenn wir dich gleich an diesen Stellen salben, dann denk daran, dass dein König für dich so gestorben ist. Er hat sich für dich geopfert, indem durch seine Hände und durch seine Füße die Nägel geschlagen wurden und man einen Speer in seine Seite stach.« Daran musste ich denken, als man mich dann endlich salbte. Es war für mich ein unerhört tief bewegender Augenblick und ich habe tatsächlich daran gedacht, wie Jesus für mich gestorben ist.

Als die Prozedur fertig war, stand ich vor dem katholischen Hochaltar und der Bischof ordnete an: »Nana, leg dich hin, zieh dich aus.« Ich dachte, du kannst doch keinen Striptease vorm katholischen Hauptaltar machen, aber der

Brauch verlangte das nun einmal so. Außerdem sollte ein Häuptling eigentlich auch immer eine wunderschöne weiße Unterhose anhaben – doch das war bei mir jetzt nicht der Fall. Stattdessen war ich bekleidet mit einer Unterhose, die wahrscheinlich meine Oma auch schon getragen hatte, zumindest vom Typ her. Diese Unterhose reichte vom Bauchnabel bis zu den Knien und war oben und unten jeweils mit Spitzen verziert. Man stelle sich das Bild einmal vor: Fritz Pawelzik mit Bauch in einer Unterhose, die oben und unten mit Spitzen verziert ist. So stand ich vor dem katholischen Altar. Dann musste ich mich in Kreuzesform hinlegen und wurde vom katholischen Bischof zum Priester geweiht. Zum Diakon, das ist der niedrigste Rang. Ich war vollkommen sprachlos. Ich schaute ihn an und er flüsterte mir zu: »Nana, but don't tell the pope – Nana sag das bloß nicht dem Papst.« Jetzt war ich also evangelischer Pastor, katholischer Priester, Fußballtrainer und Buchschreiber, alles zusammen. Und für keine dieser Aufgaben bin ich eigentlich ausgebildet worden. Schöne Sache! Nach dieser großen Zeremonie wurde ich dann auch noch in die verschiedenen anderen christlichen Kirchen eingeführt.

Mehr als ein Zeckenbiss

Nach der Zeremonie in der katholischen Kathedrale kam der Imam der Moslems zu mir und fragte: »Nana, kommst du am Freitag in unsere Moschee?« In Deutschland gibt es ja ein Theater darum, ob man Moscheen bauen soll oder nicht. Ich konsultierte meine christlichen Freunde in unserem Stamm. Dort sind nämlich 80 Prozent Christen, zehn Prozent gehören dem muslimischen Glauben an und die letzten zehn Prozent haben sich den alten regionalen Religionen angeschlossen. Sie bestärkten mich: »Geh mal hin, wir kommen alle mit.« Also ging ich am folgenden Freitag zur Moschee. Dort nahm mich der Imam, der Sprecher der Moschee, in so eine Art Sakristei mit, wo wir beide uns unterhielten. Wir sprachen über das Alte Testament und darüber, wie böse die Juden zu Ismael waren, dem Vorvater aller Moslems. Die Argumente und Erzählungen gingen hin und her. Schließlich fragte er mich: »Bist du verheiratet?« »Ja, ja«, beteuerte ich, »ich hab eine Frau. Die 36 sind ja nur so nebenher.« »Ich verstehe. Hast du einen Sohn?« Töchter interessierten ihn wohl nicht. »Doch, ich hab zwei Töchter und einen Sohn.« Dann fragte er weiter: »Hast du deinen Sohn lieb?« »Ja, na klar«, antwortete ich. »Bist du stolz auf deinen Sohn?« Das darf man einen Vater eigentlich nie fragen. Auch ich habe sofort angefangen, ein wenig mit meinem Sohn anzugeben: »Mein Sohn hat Abitur, 1,2, oder ich glaub es war doch 1,3.« Dass ich ein bisschen aufgerundet hatte, macht dem Imam nichts aus, denn er wusste nicht, was ein Abitur war. Also erklärte ich es ihm und redete weiter von

Highschool Level, Universität, Medizinstudium und Arzt im Praktikum. Nachdem ich so ausgeschmückt hatte, was für ein wunderbares Genie ich auf die Welt gebracht habe, fragte er mich plötzlich: »Häuptling, would you kill your son? – Würdest du deinen Sohn töten?« »Bist du verrückt?«, fuhr ich ihn an.

»Genau«, sagte er, »nur ein verrückter Vater kann seinen Sohn töten. Euer Gott hat zugesehen wie sein eigener Sohn am Kreuz gestorben ist. Das ist unmöglich.« Diese Geschichte war mir ja schon lange bekannt, aber dort in Accra, in Konongo, bei meinem Stamm, dort ist mir das erste Mal deutlich geworden, was Gott für uns getan hat und wie schrecklich das für ihn gewesen sein muss, als Jesus starb.

Das Gespräch mit dem Imam kam mir wieder in den Sinn, als unser Sohn eines Tages sehr krank wurde. Während seiner Ausbildung hatte er sich wohl beim Joggen einen Zeckenbiss eingefangen. Daraufhin wurde er furchtbar krank. Seine Kollegen, die er um Rat fragte, diagnostizierten bei ihm einen Zeckenbiss und stellten bei den Untersuchungen fest, dass das Virus bereits in seinem Gehirn angekommen war. Mit letzter Kraft setzte sich unser Sohn daraufhin ins Auto und kam zu uns nach Düsseldorf. Dort saß er mit uns am Tisch und eröffnete uns: »Mama und Papa, ich habe Borrelien. Ich muss höchstwahrscheinlich sterben.« Das hat uns umgehauen. Wir haben dann alles versucht, um dem Jungen zu helfen. Zwischendurch mussten wir auch immer mal wieder daran denken, was Gott für seinen Sohn getan hatte, um ihn vor dem Kreuz zu bewahren – nämlich nichts. Er ließ es einfach zu, dass er elendig verreckte. Jesus schrie am Kreuz: »Mein Gott, mein Gott, warum hast du mich verlassen?« Doch der himmlische Vater griff nicht ein – wegen uns Menschen. Bei uns war die Situation anders. Wir ließen einen Spezialisten aus Finnland einfliegen, der sich mit Zecken auskannte. Wir versuchten wirklich alles. Heute können wir voller Freude sagen, dass unser Sohn letztlich doch gut durchgekommen ist. Er ist jetzt Professor der Medizin. Das sind ja manchmal ganz schöne Klugschwätzer, die alles besser wissen. Ich halte ihm dann immer vor: »Junge, denkst du noch daran, was Gott für uns getan hat?«

Ich will im Gedächtnis behalten, was Jesus für mich getan hat – auch als Häuptling. Und das bin ich ja auf Lebenszeit. Nicht nur deshalb bin ich ein Teil von Afrika. Ja, Afrika ist ebenso mein Zuhause wie Deutschland. Oft fragen mich die Leute, wo denn eigentlich meine Heimat wäre. Die Antwort gibt der Titel eines meiner Bücher: »Mein Gedächtnis ist meine Heimat.« Oder anders ausgedrückt: Meine Heimat ist da, wo meine Freunde sind. Und die sind überall. In Afrika, im Kohlenpott, im Westerwald, in Finnland – Freunde überall.

Mit Freunden ist man nie zu alt

Mittlerweile bin ich weit über 80 Jahre alt. Und noch immer bin ich ständig unterwegs. Ich hätte nie gedacht, dass ich bis in dieses doch schon hohe Alter hinein noch so viel arbeiten würde. Aber Tatsache ist: ich halte heute mehr Vorträge als früher. Besonders oft werde ich in Schulen eingeladen, um den Jungen und Mädchen von dem zu erzählen, was ich im Dritten Reich mitmachen musste und was ich in Afrika alles erlebt habe. Ich komm rum, auch wenn ich mittlerweile im Rollstuhl sitze. Das muss ich, weil ich mit 78 Jahren noch richtig das Bergsteigen lernen wollte. Beim Abstieg vom Jungfraumassiv habe ich mir dann leider mein Knie kaputt gemacht. Darum ist es für mich auch so hilfreich und angenehm, dass ich überall Freunde habe, sowohl in Deutschland als auch in vielen anderen Ländern. Die können mich mit meinem Rollstuhl überall abholen und hinschieben.

Auf einer meiner Reisen geriet ich auch in den Westerwald, um dort in einem kleinen Ort einen Vortrag zu halten. Während ich über Afrika erzählte, saß da einer mit langen Haaren und langem Bart im Publikum. Ich wusste natürlich nicht, wer das war. Nach dem Vortrag kam er auf mich zu und redete mit mir. Er sprach davon, dass ihn die Arbeit in unseren Berufsschulen in Accra, von der ich erzählt hätte, auch interessieren würde, denn er sei Schmied von Beruf und er hätte ebenfalls Lehrlinge. Ich dachte so bei mir: Aha, das ist so einer, der hat ne Schmiede und dann hat er noch zwei Leute angestellt und einen Lehrling. Der Mann redete noch weiter und erwähnte auch, dass er gerne die Arbeit in Afrika unterstützen würde. Darum erkundigte er sich danach, wie lange ich denn noch hier in dem Ort weilen würde. Ich gab ihm die gewünschte Auskunft. Am nächsten Tag kam er dann tatsächlich angefahren und schenkte mir 5000 Euro für die Arbeit in Ghana. Das hat mich ganz schön umgehauen. Er aber verschwand wieder, gerade so, als ob nichts gewesen wäre.

Zum Glück sollte ich ihm später wieder begegnen, als ich erneut einen Vortrag im Westerwald hielt. Ich freute mich, ihn wieder zu sehen. Dabei erzählte er mir, dass er auch ein Restaurant hätte und ob ich ihn nicht einmal dort besuchen wollte. Noch immer hatte ich keine Ahnung, was er beruflich machte. Schließlich wollte er mir auch wieder etwas für meine Arbeit mitgeben und händigte mir einen Scheck über 10000 Euro aus. So etwas war mir in meinem Leben bisher noch nicht untergekommen. Alles Weitere ging dann ziemlich schnell. Bald schon waren wir beim Du, denn wir merkten, dass wir zwei in vielen Dingen gleich tickten. Ich bekam auch heraus, dass der Mann Joachim Fuhrländer hieß, ein Unternehmer mit christlichen Idealen, der Windkraftanlagen baut, soziale Projekte weltweit unterstützt, ein Restaurant mit Veranstaltungsraum unterhält und sich auch sonst für viele Dinge engagiert. Da war mir dann auch klar, woher die gleiche Wellenlänge herstammte.

Als wir uns später wieder einmal begegneten, erzählte er mir, dass er gerne die Berufsschularbeit unterstützen würde, die ich in Ghana angefangen hatte. Er bat mich, ihm mal einen Kostenvoranschlag für ein Projekt zu unterbreiten. Dieser Bitte kam ich gerne nach und leitete die Anfrage nach Ghana weiter. Dort gab es mittlerweile drei Berufsschulen, die ich initiiert hatte: eine in der Hauptstadt für Schreiner und Maurer, eine in Takoradi für Köchinnen und Näherinnen und eine für alle in einem ganz kleinen Dorf. An diesen Schulen gab es immer etwas zu verbessern und so schickten sie mir einen Kostenvoranschlag über 46 000 Euro. Das war natürlich ein ziemlich hoher Betrag und ich gab den Kostenvoranschlag mit etwas gemischten Gefühlen weiter. Wie viel würde er wohl zu diesem Projekt beisteuern? Kurz darauf erhielt ich einen Brief, aus dem mir nach dem Öffnen ein Scheck über 50 000 Euro entgegenlachte. Klar, dass mich das erneut umhaute. Mir wurde bewusst: schon wieder hatte ich einen neuen Freund gefunden.

Fortsetzung folgt

Einige Zeit später teilte mir Joachim Fuhrländer mit, dass er gerne mit mir auf Reisen gehen würde:»Ich möchte mit dir nach Afrika fliegen.« Da hatte ich natürlich nichts dagegen, aber gewisse Bedenken:»Ich bin ja im Rollstuhl, das ist etwas schwierig mit dem Fliegen.« »Ach, mach dir mal keine Gedanken«, winkte er ab, »wir fliegen mit einem Privatflugzeug.« Ich dachte sofort an so eine kleine Cessna, an so ein normales Flugzeug eben, was man sich als Privatmensch zum Vergnügen leistet. Fünf Mal zwischenlanden, schön durchgeschüttelt werden vom Wind, eben diese Art von Flugkomfort. Er meinte dazu nur:»Ich hol dich ab.« Tatsächlich erschien dann bei mir vor der Haustür so ein Super-Auto, das mich in den Westerwald chauffierte. Dort übernachtete ich in einem schönen Hotel und am nächsten Morgen ging es weiter zum Flugplatz. Aber dort wartete nicht etwa so eine kleine Wackelkiste auf mich, sondern ein richtiger Jet, mit dem wir dann auch nach Afrika flogen. Das Flugzeug gehörte ihm persönlich und die beiden Piloten, die Stewardess, die Kamerafrau, die über den Besuch einen Film drehen sollte und deshalb dabei war, sowie die Frau, die das Hotel leitete, waren alles Angestellte, die mit uns nach Ghana flogen. Es war ein herrlicher Flug. In der Sahara haben wir getankt und sind schließlich in der Hauptstadt Accra gelandet. Dort wurden wir groß empfangen, mit Tänzen und natürlich Trommeln und mit einem riesengroßen Transparent. Da dämmerte es mir, dass mein Freund Joachim wohl keine kleine Firma besaß, sondern ein ganz schön großes, weltweit operierendes Unternehmen.

Freunde überall:
Fritz, Joachim, Mexiko

In Ghana besuchten wir die verschiedensten Stellen, an denen ich damals angefangen hatte, Berufsschulen aufzubauen. Er sicherte mir zu: »Ich unterstütze das.« Und so ist das jetzt auch. Er ist später noch einmal nach Ghana geflogen, um sich alles genau und in Ruhe anzusehen. Dabei nahm er Fachleute seiner Firma mit und nun ist er dabei, diese Berufsschularbeit und somit die Ausbildung für Schreiner, Maurer, Köchinnen und Näherinnen weiterzuführen. Das ist für mich etwas ganz Besonderes. Das, was ich vor 50 Jahren angefangen habe, geht jetzt weiter und wird weiterentwickelt. Wer erlebt so etwas schon noch zu Lebzeiten? Wir beide, Johannes Fuhrländer mit den langen Haaren und dem langen Bart und ich, wir sind nicht nur Freunde, wir sind so etwas wie Brüder. Denn wir haben beide den gleichen Vater. Und wir wollen beide auf dieser Erde etwas bewegen. Das macht auch diese letzten Jahre meines Lebens zu einer wunderschönen, erfüllten Zeit.

Im Rückblick auf mein Leben muss ich sagen: Gott hat immer zur richtigen Zeit die richtigen Leute an meine Seite gestellt. Er hat Dinge ermöglicht, die ich mir selbst nie hätte ausdenken können. Wenn ich bedenke, dass ich selbst nie in meinem Leben eine Bewerbung geschrieben habe – trotzdem ging es immer einen nächsten Schritt weiter. Es war ein Geschenk, als mich der Russe laufen ließ, obwohl er mich eigentlich hätte erschießen können und recht damit gehabt hätte – es war ja schließlich Krieg. Dann fragte mich einer, ob ich mich um die Kumpels kümmern könnte. Ein anders Mal hat man mich gefragt, ob ich nach Afrika wollte und jetzt ist da einer, der mir das finanziert, was ich damals angefangen habe. Dafür bin ich von ganzem Herzen dankbar. Für alle diese Menschen, für meine vielen Freunde, mit denen ich unterwegs sein durfte zwischen Ruhrpott und Afrika, und vor allem für meinen himmlischen Chef, der noch immer mit mir unterwegs ist.

Gerhard Bössler

Der König der Krieger
Äthiopisches Tagebuch

Taschenbuch, 12 x 19 cm, 192 Seiten
Nr. 395.320,
ISBN 978-3-7751-5320-1

Gerhard und Edith Bössler sitzen in einer Boing 707, die im Begriff ist, in Addis Abeba in Äthiopien zu landen. Das Ehepaar
will dem kriegerischen Volk der Gudschis die frohe Botschaft
bringen. Deren Zauberpriester wollen genau das mit allen Mitteln
verhindern...

Princess Kasune Zulu, Belinda Collins

Mein Herz für Afrika
Eine sambische Prinzessin kämpft
für das Leben

Gebunden, 13,5 x 20,5 cm, 336 Seiten
Nr. 395.363,
ISBN 978-3-7751-5363-8

Sie heißt Prinzessin und ist eine Kämpferin. Ihre eigenen Eltern
hat sie früh verloren. Heute kämpft sie für 15 Millionen Aids-
Waisen und vertritt ihre Anliegen auf der ganzen Welt. Eine
wunderbar erzählte Geschichte über Hoffnung, die Not und Tod
überwindet.

Bitte fragen Sie in Ihrer Buchhandlung nach diesen Büchern!
Oder schreiben Sie an: SCM Hänssler, D-71087 Holzgerlingen;
E-Mail: info@scm-haenssler.de; Internet: www.scm-haenssler.de